AUDÁCIA E ENTUSIASMO PARA CATEQUIZAR

Dados Internacionais de Catalogação na Publicação (CIP)
(Câmara Brasileira do Livro, SP, Brasil)

Lemos, Rachel
  Audácia e entusiasmo para catequizar : uma catequese fora da caixinha / Rachel Lemos. – Petrópolis, RJ : Vozes, 2024.

  ISBN 978-85-326-6945-2

  1. Catecismo 2. Catequese – Ensino bíblico 3. Catequese – Igreja Católica I. Título.

24-221415 CDD-268.82

Índices para catálogo sistemático:
1. Catequese : Igreja Católica   268.82

Cibele Maria Dias – Bibliotecária – CRB-8/9427

AUDÁCIA E ENTUSIASMO PARA CATEQUIZAR

Uma catequese fora da caixinha

RACHEL LEMOS

EDITORA VOZES
Petrópolis

© 2024, Editora Vozes Ltda.
Rua Frei Luís, 100
25689-900 Petrópolis, RJ
www.vozes.com.br
Brasil

Todos os direitos reservados. Nenhuma parte desta obra poderá ser reproduzida ou transmitida por qualquer forma e/ou quaisquer meios (eletrônico ou mecânico, incluindo fotocópia e gravação) ou arquivada em qualquer sistema ou banco de dados sem permissão escrita da editora.

CONSELHO EDITORIAL	PRODUÇÃO EDITORIAL
Diretor	Aline L.R. de Barros
Volney J. Berkenbrock	Jailson Scota
	Marcelo Telles
Editores	Mirela de Oliveira
Aline dos Santos Carneiro	Natália França
Edrian Josué Pasini	Otaviano M. Cunha
MarilacLoraineOleniki	Priscilla A.F. Alves
WelderLancieri Marchini	Rafael de Oliveira
	Samuel Rezende
Conselheiros	Vanessa Luz
Elói Dionísio Piva	Verônica M. Guedes
Francisco Morás	
Gilberto Gonçalves Garcia	
Ludovico Garmus	
Teobaldo Heidemann	

Secretário executivo
Leonardo A.R.T. dos Santos

———————————

Editoração: A.J.P.
Diagramação: Littera – Comunicação e Design
Revisão gráfica: Heloísa Brown
Capa: Eduarda Ribeiro

ISBN 978-85-326-6945-2

Este livro foi composto e impresso pela Editora Vozes Ltda.

Sumário

Apresentação, 7
Prefácio, 11

1 Mudar é preciso? Para quê?, 15
2 Ter um objetivo, 37
3 O que faz sentido?, 50
4 Acreditar que é possível, 68
5 Evolução contínua, 80
6 Servir ao Senhor, 88

Um recadinho, 95
Referências, 96

Apresentação

Certamente, foi uma grande ousadia lançar um projeto com o nome "catequese fora da caixinha". O objetivo era provocar nos catequistas uma curiosidade e, a partir de então, ajudá-los a entender a importância de fazer uma catequese diferente, atualizada e viva. Sair da caixinha na catequese é, antes de tudo, se permitir avançar com audácia e entusiasmo, assim como aprendemos com os ensinamentos, as ações e as palavras de Jesus, o qual sempre teve um olhar para além daquilo que todos enxergavam e compreendiam.

Ele conhecia tudo e todos, e agiu com perspicácia nas suas relações; interpelou seus seguidores; escutou os marginalizados; esteve aberto para a inclusão; e deu espaço para todos expressarem seus desejos, sonhos, fragilidades e necessidades para, então, participar da vida de cada um em conformidade com o que precisava e esperava dele.

Jesus é o modelo e a fonte de inspiração da nossa missão como catequistas-discípulos-missionários. Por isso, é necessário que saibamos buscar nele, exemplos que nos auxiliem a fazer uma catequese adequada à realidade em que estamos inseridos.

Quando penso na importância de fazer uma "catequese fora da caixinha", compreendo que, tão importante quanto propor doutrinas, é essencial à educação da fé promover encontros que conduzam os catequizandos a fazerem uma experiência pessoal com Jesus Cristo e comunitária, e a viverem a alegria que nasce dela. Para isso, é preciso que sejam realizadas algumas ações por parte dos catequistas, como conhecer os catequizandos, identificar as suas necessidades e o universo em que se encontram, para poderem anunciar a mensagem que Jesus nos ensinou sobre como viver a vida e reconhecer o seu valor.

Ao apresentar uma "catequese fora da caixinha", queremos propor que a catequese seja vivenciada por meio de metodologias adequadas que promovam a aproximação e o encontro com o Senhor; o aprimoramento da prática de oração, que é a relação íntima com Deus; a reflexão, que propicia realizar a interação entre a fé e a vida do catequizando; o exercício de acolhimento; e a convivência, culminando em ações sociotransformadoras.

Ao pensar em uma catequese vivencial, não podemos esquecer que a catequese é uma ação eclesial, ou seja, toda a Igreja é responsável pela transmissão da fé, e isso nos leva a recordar que, no Concílio Vaticano II, o capítulo II da Constituição Dogmática *Lumen Gentium* deu destaque à definição da Igreja como "Povo de Deus", o que leva ao entendimento de que todos os batizados são chamados e têm a missão de transmitir e testemunhar a fé da Igreja colocando seus dons a serviço da comunidade. Sendo assim, o catequista, fazendo parte da comunidade, pode recorrer a seus membros, sempre que precisar de apoio, para cumprir a sua missão educativo-evangelizadora.

Ao propor uma "catequese fora da caixinha" nos inspiramos nas palavras do Papa Francisco que, em uma de suas cartas aos catequistas, escreveu orientando-os que "entusiasmo é ter Deus ativo dentro de nós" (2013, p. 82). Com isso, entende-se que todo catequista, além do envolvimento com a comunidade, precisa se sentir envolvido, principalmente, pela presença e amor de Deus, repleto do Espírito Santo agindo em sua vida. E esta é a proposta que se deseja com este livro: entusiasmar o catequista para ser inspiração do próprio Espírito Santo que o chama a ajudar na formação de seus catequizandos, cheio de ânimo e vigor.

A partir de agora, catequista, você é convidado a refletir sobre o que é "sair da caixinha" para inovar em seus encontros de catequese, com o propósito de comunicar a mensagem do Evangelho, de modo que seus catequizandos se aproximem de Jesus Cristo e tenham com Ele um encontro íntimo e pessoal, de um jeito muito bom de ver e viver a vida, seguindo os passos dele.

Boa leitura!

Rachel Lemos

Prefácio

Com alegria recebi o convite da Rachel para escrever o prefácio do seu livro. No início fiquei pensando sobre a expressão "fora da caixinha" e fiquei curioso sobre qual seria o significado dela. Depois fui lendo o texto e compreendendo que o termo "fora da caixinha" significa uma catequese que permite avançar com audácia e ânimo. Pensei comigo mesmo: isso é muito bom! A catequese realmente precisa avançar, ser mais ousada, utilizar-se das novas tecnologias, inovar em conteúdo e metodologia.

Nossas famílias estão passando por grandes mudanças. A cultura, o estilo de vida, os valores morais, os comportamentos estão em contextos de contínuas transformações reais e evidentes. Então, a catequese não pode ficar parada no tempo, não pode seguir a tradição como se ela fosse morta.

Audácia e coragem para acompanhar as mudanças com criatividade é uma exigência do nosso tempo. A catequese está desafiada a crescer continuamente, acompanhando as transformações sociais em curso no mundo.

Nesse sentido, ser catequista é mais do que um compromisso. Trata-se de uma missão, de uma ação de amor que vai além das exigências técnicas, do ensino puramente doutrinal, para entrar na vida transformando mentalidades, ideais e sonhos. A catequese deve promover a construção do caráter, da personalidade, dos valores que nortearão o comportamento das crianças, adolescentes e jovens para toda a vida.

A catequese "fora da caixinha" busca promover um encontro mais profundo do catequizando e seus familiares com Jesus de Nazaré. Esse anúncio deve ser comunicado com clareza e objetividade para que o catequizando incorpore esses ensinamentos em sua vida prática. Dessa forma, a catequese deixa de ser um ensino meramente formal, doutrinal, recheado de normas e regras, para se tornar um conhecimento vivo, atraente, vinculado com a vida atual, enraizado na cultura e na tecnologia.

Uma catequese "fora da caixinha" deve buscar um caminho que seja mais atrativo, que encante com sua metodologia prática, que traga luzes, que aponte caminhos, que forme o catequizando para a vivência, levando em consideração sua situação existencial no cotidiano familiar, escolar e social.

Os conteúdos e as metodologias de transmissão do conhecimento devem ser atualizados, combinando a doutrina com a vida prática. Nesse sentido, é preciso sair da caixinha, dos rótulos, dos preconceitos, das limitações do pensar. É preciso abrir a mente, o coração, os olhos para incorporar novos conhecimentos. É preciso ainda romper com as tradições que matam, com as situações que limitam o crescimento, com as tecnologias que manipulam o pensamento, com valores que tornam o ser humano reprimido e doente. Jesus de Nazaré jamais viveu dentro de uma caixinha; pelo contrário, foi livre, criativo e apaixonado pela vida. Não desobedeceu a Lei, mas a colocou no seu devido lugar.

A "catequese fora da caixinha" rompe com o isolamento, com a mediocridade, com a banalidade da vida, com a pobreza do pensamento que limita as ações. Nesse sentido, é preciso ter objetivo, dar sentido às ações, acreditar que é possível, buscar uma evolução permanente, trabalhar com objetividade e clareza. É preciso sair do conforto e da comodidade. É preciso sair do sofá, da tela dos televisores, computadores e celulares, para compreender o novo que se impõe. Sair da caixinha é ser livre e criativo. Então, parabéns, Rachel Lemos, por este texto rico e libertário. Que seus ensinamentos transformem vidas e tragam inovação, criatividade e inteligência para todos nós. Boa leitura!

Pe. José Antônio Trasferetti
Prof. Titular da PUC/Campinas
Reitor-Pároco do Santuário Santa Rita de Cássia,
Arquidiocese de Campinas.

Mudar é preciso? Para quê?

Leia novamente o título deste capítulo. São duas perguntas:

- Mudar é preciso?
- Para quê?

Nem todo mundo gosta de mudanças, afinal, de uma forma ou de outra nos acostumamos com a maneira que estamos realizando nossas atividades. O hábito de fazer sempre do mesmo jeito entra na nossa rotina e é natural querer ficar acomodado na zona de conforto e não desejar sair dessa condição porque isso vai dar trabalho e vai demandar um esforço que nem sempre estamos dispostos a enfrentar. Porém, quando assumimos a missão de catequizar, optamos por estar em sintonia com a proposta da nossa Igreja e por seguir o Mestre. A partir dessa opção, não é mais possível fazer as coisas só do nosso jeito, pois não é apenas um compromisso pontual, mas uma missão muito especial que requer colocar-se a serviço da comunidade para contribuir no processo de evangelização e educação da fé.

Essa missão exige audácia e entusiasmo na evangelização, pois catequizar requer que o catequista esteja preparado para fazer mudanças, começando em si mesmo. Esse movimento de transformação pessoal surge quando o catequista é provocado pelo desconforto gerado por situações, gestos, palavras e ações que acontecem em uma catequese "dentro da caixinha", e fazem com que ele se sinta desconfortável, incomodado mesmo. E é esse desconforto que faz com que ele se sinta inquieto e, consequentemente, provocado pela necessidade de uma mudança, mesmo que seja mínima, nos hábitos e costumes cotidianos. Isso acontecendo, é maravilhoso, pois é a manifestação de que, se algo ainda não está bom, poderá ficar, e, se está satisfatoriamente bom, poderá ficar ainda melhor.

Sabemos que toda **mudança** traz incômodo, irritabilidade; enfim, sentimentos que queremos evitar no nosso dia a dia. Mas pense comigo: você quer fazer a reforma de sua casa e vai precisar deslocar móveis, enfrentar sujeira e bagunça, ter alguns objetos perdidos, ferramentas espalhadas, barulho… e pensa: "Por que eu resolvi fazer isso?" Então vem a resposta: "Porque eu quero algo melhor, mais bonito, mais prático e que me dê mais conforto, prazer e alegria". E, depois de um tempo razoável – e isso vai depender do tamanho da **mudança** que você quer fazer –, vem a satisfação e o contentamento com o resultado final que a sua proposta de reforma gerou.

Assim acontece também com o nosso dia a dia, com as **mudanças** que precisamos fazer no que diz respeito ao nosso jeito de ser e agir, como aquilo que envolve os nossos pensamentos, sentimentos, comportamentos, relacionamentos e aprendizagens. Diante das mudanças, é normal sentir medo e insegurança; afinal, não é fácil percorrer um caminho novo para conquistar o que se quer. Há muitos desafios a enfrentar até chegar o tão esperado momento da conquista, da vitória final. E você não é a única pessoa a sentir ansiedade e desconforto diante das mudanças.

> Mas em que tipo de **mudança** queremos focar aqui?

Nosso objetivo é refletir sobre as mudanças a que somos impelidos a realizar na catequese. Então, continue acompanhando e avançando! Juntos veremos que toda mudança tem um propósito. Diante disso, cabe perguntar: qual é o propósito de todo catequista? E, certamente, isso você já sabe: é ser um discípulo-missionário de Jesus, respondendo ao chamado para anunciar a mensagem que Ele nos deixou, certo!?

E você pode responder que já faz isso ou que procura fazer o seu melhor. E é aí que entra a questão:

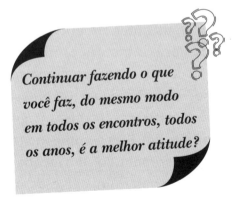

Continuar fazendo o que você faz, do mesmo modo em todos os encontros, todos os anos, é a melhor atitude?

Para nos ajudar a pensar na resposta a essa pergunta, vamos lembrar o que Jesus falou aos discípulos sobre o servo inútil, no Evangelho segundo São Lucas 17,10, em que está escrito: "Quando tiverem cumprido todas as ordens, digam: 'Somos simples servos. Apenas fizemos o que devíamos ter feito'".

> O que esse versículo faz você pensar sobre as suas ações?
>
> Você vai continuar fazendo do mesmo jeito? Ou vai surpreender Jesus e os seus catequizandos?

Muitas vezes, assim como reorganizamos as gavetas de nossos armários, precisamos também parar e analisar para reorganizar as prateleiras da catequese e verificar quais mudanças são necessárias e por qual razão elas devem acontecer. Diante disso, quase que automaticamente surge a pergunta: mas, se mudar é preciso, o que fazer e como fazer?

Como já dissemos anteriormente, toda mudança é difícil e provoca desconforto e tristeza também e isso não é nada bom. Mas não há como alcançar a graça sem passar pelo sofrimento. Não sei se você já ouviu a expressão em inglês, muito usada pelos esportistas: "*No pain, no gain!*", que significa: "Sem dor não há vitória". Eles compreendem bem isso porque sentem no próprio corpo a dor provocada pela exigência do esforço, da garra, da determinação e da constância para alcançar uma meta, um objetivo.

Essa situação da mudança, também para os catequistas, demanda sacrifícios em razão dos desafios que ela provoca.

No entanto, há, ainda, muitos catequistas que não conseguem acreditar, ou seja, não reconhecem o seu potencial evangelizador para fazer diferente, e, por isso, não enxergam coisas novas e diferentes que valham a pena o sacrifício da mudança. Por isso, é preciso aprender a explorar as possibilidades para inovar e lançar-se ao desafio de mudar, de fazer diferente, desenvolvendo sua força interior com a certeza de que pode mais do que acredita ser capaz de realizar. E estamos falando sobre isso porque é importante que você desperte para a seguinte realidade: antes de ser catequista você é um ser humano criado à imagem e semelhança de Deus, que precisa se conhecer e se amar para poder amar ao próximo como a si mesmo. Mas como fazer isso se você não alcança essa compreensão, se nem imagina o que Deus está preparando para você, então desiste sem sequer tentar?

Primeiramente, é preciso estar atento ao que está acontecendo dentro de você, compreender seus sentimentos, suas reações, seu comportamento diante dos desafios, diante das facilidades da vida e também diante daquilo que acontece ao seu redor e na catequese, escutando o que os catequizandos e as famílias dizem e tentando entender por que dizem certas coisas. Vamos trazer para nós algumas responsabilidades a partir de informações simples que saem do coração das famílias e catequizandos e chegam aos nossos ouvidos e que não podemos jogar para debaixo do tapete nem achar que somos vítimas das reações de pessoas que ainda não conhecem o amor de Deus.

Por exemplo, muitos catequizandos, mães, pais, tios etc. dizem que a catequese é muito chata. Você também já ouviu algum comentário assim? Por que será que eles falam isso? Alguns dizem que a culpa é dos catequistas, outros que é culpa da Igreja, que é retrógrada, outros ainda que a culpa é do padre ou do método. Enfim, não estamos levantando essas questões aqui para colocar a culpa em ninguém, porque essa é uma mentalidade frágil e pequena de pessoas que olham apenas para um aspecto da realidade sem considerar o todo. Precisamos entender que se a maneira de fazer catequese não está encantando nem atraindo e está ruim na percepção dos envolvidos, então a responsabilidade é minha em primeiro lugar.

> **Isso mesmo!** A responsabilidade é minha, é sua, é dos catequistas! A responsabilidade é nossa!

Embora seja difícil, é preciso admitir que certos comentários são reais, mesmo diante da nossa dedicação e esforço, que são tão grandes! E também admitir que esses comentários são a mola propulsora que nos impulsiona e, até mesmo, nos obriga a fazer mudanças. Por isso, não devemos nem podemos terceirizar a culpa ou a responsabilidade para outras pessoas antes de olhar criticamente para nossas ações, nossa metodologia, nosso jeito próprio de catequizar e perguntar:

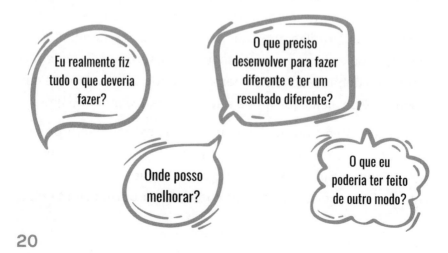

Somente depois de responder a todas essas perguntas e fazer uma autoavaliação é que podemos chegar à conclusão do que fazer e como fazer, provocando a tão necessária mudança em busca de ser um catequista aberto e atualizado, favorecendo um serviço melhor, tornando a catequese capaz de aproximar os catequizandos e envolvê-los como protagonistas dentro do seu processo catequético e evangelizador.

E, continuando, é importante que você saiba que existe uma força, uma potência aí dentro que pode ser despertada quando você desejar. É a capacidade que Deus lhe confere, porque Ele tudo pode, e São Paulo, na Carta aos Filipenses 4,13 nos agracia e nos enche de esperança e certeza dizendo: "Tudo posso naquele que me fortalece". A Palavra afirma, mas nós precisamos fazer a nossa parte.

Mas como fazer a mudança que a minha realidade necessita? Quais passos dar? É preciso um direcionamento, um caminho. Vamos começar olhando para dentro e identificando as suas habilidades. **Você topa?**

Se para desenvolver habilidades é preciso ter conhecimento, então você pode e deve buscar conhecimento através de leituras, assim como está fazendo agora;

> Habilidade é conhecimento, prática e repetição.

pode fazer cursos, assistir a palestras e reuniões presenciais ou *on-line*, além de ler artigos e pesquisas de temas e assuntos que o ajudem a desenvolver as habilidades necessárias à catequese. Esse é um primeiro passo para você se atualizar e conseguir fazer diferente, provocando uma mudança na sua catequese e atendendo aos sinais dos tempos.

Mas entenda que não basta somente ter o conhecimento. É preciso ação com esforço, vontade, garra, determinação, força e, principalmente, um propósito que sustente toda essa energia em alta *performance*. É o propósito que nos faz levantar todos os dias e continuar enquanto muitos param.

> Você sabe qual é o seu propósito de vida?

Pare e pense
> Por que você se levanta todos os dias?

Só não vale responder que é para trabalhar para pagar as contas. Você precisa descobrir o seu propósito, ou seja, aquilo que justifica e motiva as suas tomadas de decisão. Cada um tem o seu propósito, e nós, que somos catequistas, assumimos, em nosso propósito de vida, o desejo ardente que mantém o nosso coração em chamas, assim como sentiram os discípulos de Emaús na presença do Senhor. Esse ardor missionário é o que nos move, nos impulsiona para servir ao Senhor e nos faz agir para cumprir a nossa missão, testemunhando os valores humanos e do Evangelho, alinhando o nosso propósito pessoal com o comunitário em prol da catequese. Diante disso, surge a pergunta:

> Por que será que tantos catequistas desanimam e desistem da missão?

Certamente, alguns não souberam identificar, no seu propósito de vida, o valor do seu chamado para ser catequista. Por isso, é importante refletir que o nosso ser catequista não está desvinculado daquilo que desejamos para a nossa vida. Ao responder "sim" ao chamado do Senhor para essa missão, isso se realizou, certamente, a partir da compreensão de que tal decisão exige guiar as ações de forma responsável, pois catequizar, ser catequista, implica ajudar as pessoas a assumirem a sua pertença eclesial como batizados e, portanto, a assumirem sua identidade cristã, comprometidas em seguir Jesus e seus ensinamentos.

Pare e pense

> O que fez você responder "sim" para ser um catequista?
> Você já parou para pensar nisso?
> O que levou você a ser um catequista?

Entendendo o propósito, que é o chamado de Jesus, e sabendo que é preciso avançar com audácia e entusiasmo, mesmo diante dos desafios, é que nos sentimos fortalecidos para fazer as mudanças na maneira de olhar, de compreender os acontecimentos, e no jeito de fazer a catequese. Isso porque o mundo evolui constantemente e, nele, os catequizandos com os quais temos o compromisso de evangelizar estão imersos em realidades diversas e acompanham as inovações em vários segmentos. Sendo assim, também a catequese precisa estar atenta a essa condição e empreender mudanças que atendam à realidade deles. Portanto, não é possível negar-se a olhar com atenção para os acontecimentos, mantendo-se afastado da vida e focando em catequizar sem considerar os sinais dos tempos. Isso seria colocar-se na condição das pessoas que ignoram os acontecimentos em seu entorno, que não se posicionam para realizar a interação entre a fé e a vida, que realizam apenas o básico, sem dedicar-se a fazer o melhor. Ou então seria tornar-se morno, colocando-se na condição de fazer as coisas "mais ou menos", não se empenhando em realizar o melhor, aplicando-se a escolhas fáceis, fugindo dos desafios e compromissos que exigem fazer algo melhor.

E, sobre ser morno, cabe lembrar o que está escrito no Livro do Apocalipse 3,15-16: "Conheço tuas obras: tu nem és frio, nem és quente. Quem dera fosses frio ou quente! Mas, já que és morno, nem frio nem quente, vou vomitar-te da minha boca".

Sendo assim, não seja morno! Reconhecendo que Jesus olhou nos seus olhos e chamou seu nome, que tal ser audacioso e entusiasmado para se autoavaliar e buscar identificar quais são as **mudanças** que precisa realizar em sua prática catequética? **Topa?**

Agora, preste atenção! Se você não estiver disposto a fazer alguma **mudança** na sua catequese, se você achar que não é o momento, então não siga para a próxima página, nem continue lendo o parágrafo a seguir. Vamos combinar assim?

Você vai mesmo seguir para a próxima página?
Está preparado para fazer alguma mudança? Então avance!

Que legal que você está lendo este parágrafo. É sinal de que você topa fazer a experiência de avançar e sair da caixinha, ou seja, avaliar o que pode mudar e melhorar em sua catequese, anunciar Jesus de um modo que encante sempre mais seus catequizandos e, também, que deixe você mais feliz, ajude a cultivar o seu entusiasmo e fortaleça a resposta que deu ao chamado do Senhor.

A partir daqui, comece a se preparar para o que irá encontrar. Vire a página, comece a ler e fazer os exercícios propostos, lembrando que cada catequista, cada realidade precisa ser considerada, mas que, para mudar paradigmas e sair da caixinha, é preciso olhar mais longe, a partir da bagagem que já possui e começar a agir com audácia para concretizar as mudanças que quer empreender.

Vamos lá!

Já que você está aqui, disposto a avançar de verdade, vamos avançar juntos, caminhando lado a lado com Jesus, deixando-o ir um pouco à frente, afinal, Ele mesmo disse: "Eu sou a luz do mundo; quem me segue não andará nas trevas" (João 8,12). Sendo assim, deixaremos a Luz ir à nossa frente, abrindo o caminho que vamos seguir.

Jesus chama os seus discípulos para uma missão e assim acontece também com todo catequista. Ele tem uma **missão** e não apenas um **compromisso semanal com a Igreja ou a comunidade**. Vamos entender melhor isso porque, se você entender a diferença entre missão e compromisso, já será a primeira mudança na sua catequese. E este é o primeiro passo!

A **missão** está relacionada ao chamado de Jesus Cristo que nos sustenta; está associada ao ato de sermos enviados para desempenhar algo que o Senhor pede, dando testemunho da Palavra com dinamismo e eficácia, e sentindo a alegria de comunicar o Evangelho e viver a vida que ele suscita aos cristãos, considerando a singularidade de cada pessoa, de sua comunidade e cultura. O **compromisso** está relacionado ao fato de alguém comprometer-se com algo, assumir uma escolha realizada junto à comunidade e viver um permanente encontro com o Senhor que se concretiza na vida comunitária, na participação da liturgia, na prática da oração, nos estudos de aperfeiçoamento, nos encontros formativos dentre outras atividades essenciais para fortalecer a resposta ao chamado e viver a vocação de catequista.

Observe a seguir o esquema sobre os aspectos que compõem a missão e o compromisso.

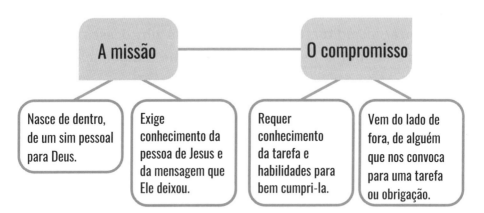

Ambos – **missão e compromisso** – são de suma importância e se complementam, mas a missão pulsa mais forte no peito do catequista-discípulo-missionário. E é aí que entra a verdadeira compreensão da **missão** do catequista, aquele que testemunha a fé e comunica a mensagem do Evangelho com clareza de maneira que seja incorporada na vivência cristã do catequizando.

Estamos falando de **mudança**, de desconforto, de desalojamento, de saída da zona de conforto, de fazer diferente, certo!? E você, caro leitor poderá estar se perguntando sobre a relação entre a mudança e a missão e o compromisso. Tudo! Para realizar uma mudança, é imprescindível incorporá-la em sua missão e comprometer-se preparando-se para concretizá-la.

Então vamos confiar no Senhor sempre que precisarmos realizar alguma mudança, pois é Ele quem nos inspira a olhar sempre de novo para nossas realidades exercendo a missão a partir do que cada um é e vive em comunidade.

Para provocar uma **mudança**, uma inovação, é muito importante, e diríamos até fundamental, que haja cinco verbos associados a um propósito que se deseja realizar e alcançar: ter, fazer, acreditar, querer, servir. Cada um desses verbos associa-se a uma necessidade, para que a mudança possa acontecer. Observe o esquema que contempla os verbos que serão comentados no decorrer dos próximos capítulos.

A **mudança** exige ação, requer a saída da área de domínio e da comodidade, coisa que não é fácil fazer, pois exige mudar de opinião, de atitude, de mentalidade para poder inovar. Isso, por vezes, leva tempo e exige dedicação, pois envolve deixar o lugar onde estamos adaptados e ir para um lugar inusitado, ou seja, ter que assumir fazer algo sem ter a segurança de que dará certo e, muitas vezes, se deparar com situações e detalhes que não haviam sido imaginados ou pensados anteriormente, os quais a mudança exige. Isso leva a perceber que, por mais preparados que imaginamos estar, lidamos com pessoas, com fatos que se alteram e com muitas situações que podem nos surpreender conduzindo-nos a reconhecer a necessidade de saber flexibilizar atitudes, pensamentos e outros aspectos, pois não será para tudo que teremos a oportunidade de passar pela área da aprendizagem e/ou de realizar estágios ou laboratórios pastorais que nos permitam o tempo necessário para nos adaptarmos ao novo. Às vezes o novo bate à nossa porta quando menos esperamos, e precisamos interagir com ele.

Pense um pouco: O que está passando pela sua cabeça neste momento? Você acredita ser possível fazer algum tipo de **mudança** na sua catequese? Esperamos imensamente, desejamos e acreditamos que sim, que isso seja possível.

Então, vamos em frente colocar a mão na massa para compreender melhor a sua realidade na catequese?

Na sequência, encontra-se um quadro que deverá ser preenchido. As orientações ajudarão você a refletir, escrever e descobrir, afinal, por que fazer uma mudança na sua catequese, o que fazer e como fazer.

É importante lembrar, dentro desta reflexão, que o catequista precisa estar inserido em três dimensões: ter a capacidade de saber ser com, ou seja, ter a capacidade de estabelecer e manter uma relação de respeito, apoio e compreensão com aqueles que se relaciona; a outra dimensão é o saber, pois ele precisa ter conhecimento prévio e profundo da mensagem e conhecer o meio para transmiti-la; e, por fim, o saber fazer, que implica a forma de transmissão, o método a ser aplicado e a comunicação adequada para bem cumprir a missão.

Vamos começar? Este exercício se chama "grade de metas".

Pensando sempre nas três dimensões mencionadas, avalie a sua catequese a partir do que ela é hoje. Para conseguir visualizar a sua realidade e aonde você quer chegar, preencha a tabela. Mas, antes, leia as orientações sobre como responder a cada pergunta.

- Para responder à pergunta **número 1**, você descreverá como é a sua catequese hoje. Coisas boas e o que não é muito bom também.
- Para responder à pergunta **número 2**, escreva tudo o que você espera, deseja, almeja, sem nenhum tipo de limitação. Permita-se idealizar a catequese dos sonhos de todo catequista.
- Para responder à pergunta **número 3**, escreva o que é importante preservar na sua catequese e que você não abre mão por nada.
- Para responder à pergunta **número 4**, finalize escrevendo o que você faz e não é bom que seja feito a partir de agora, ou o que acontece e você não quer mais que aconteça nos seus encontros.
- Para responder à pergunta **número 5**, reflita a partir da resposta dada à pergunta número 2, e escreva o que você vai se comprometer a alcançar para conquistar um pedacinho do seu sonho na catequese
- Para responder à pergunta **número 6**, escreva tudo aquilo que pode atrapalhar a realização do seu sonho e, por isso, você quer evitar que aconteça.

GRADE DE METAS

Sua catequese	
1. Como é sua catequese hoje?	2. Como você gostaria que fosse a sua catequese?

O que você quer?	O que você não quer?
3. O que você quer preservar?	4. O que você quer eliminar dela?
5. O que você quer conseguir alcançar?	6. O que você quer evitar que aconteça?

Neste momento, certamente você já está com uma visão mais clara de como é a sua catequese hoje, de como gostaria que ela fosse e de quais mudanças você quer e precisa fazer. Então, agora, vamos avançar um pouquinho mais para descobrir o que e como fazer. Escolha até quatro mudanças. Depois complete com as informações solicitadas.

Quais são as mudanças que você escolhe fazer na sua catequese?

Por que elas são necessárias?

Quais são os passos que você precisa dar para essas mudanças se concretizarem?

Observando suas respostas, você pode perceber se as mudanças necessárias na sua catequese são simples ou complexas. Porém, se forem complexas, o importante é compreender que não é necessário fazer uma grande **mudança** inicialmente, pois lembre-se de que, se houver, entre duas pequenas retas colocadas lado a lado, um ângulo de um milímetro, conforme elas forem se desenvolvendo, crescendo e avançando no espaço, ambas se distanciarão e chegarão a lugares completamente diferentes. Isso quer dizer que, se você fizer uma mínima mudança na sua catequese, o resultado será incrível depois de um tempo, porque já estará fazendo diferente. Não adianta querermos algo diferente e continuarmos fazendo igual, porque, para ter resultado diferente, é preciso fazer diferente.

Assim acontece com uma caminhada. Para caminhar um quilômetro, é preciso dar, inicialmente, um passo, o primeiro passo, e depois outros até atingir os primeiros metros dez metros, e depois outros passos para alcançar o seu objetivo. Entenda que você pode atingir grandes metas de pouquinho em pouquinho, no tempo certo, na velocidade certa, em direção a uma catequese que encante e aprofunde os conteúdos, mas que também, e principalmente, seja um lugar de experiência de oração, de convivência, de elaboração de projetos sociotransformadores, uma catequese realizada com audácia e entusiasmo, que não se limita ser sempre realizada do mesmo jeito e da mesma forma, mas que permita fazer a diferença na vida dos catequizandos.

E, por falar em **audácia**, o Papa Francisco (2019), no ciclo de catequeses sobre a oração do Pai-nosso, refere-se a ela dizendo que a oração cristã nasce da audácia de poder chamar Deus com o nome de "Pai". E, no ano seguinte, o Diretório para a Catequese (2020), em seu n. 326, destaca que

> a Igreja é chamada a se colocar com humildade e audácia nos rastros da presença de Deus e a "reconhecer a cidade a partir de um olhar contemplativo, isto é, um olhar de fé que descubra Deus, que habita nas suas casas, nas suas ruas, nas suas praças" (EG, n. 71), tornando-se, diante das ambivalências e contradições da vida social, "a presença profética que saiba levantar a voz em relação a questões de valores e princípios do Reino de Deus" (DAp, n. 518-i).

Assim, podemos entender que **audácia** significa não ter receio de escolher ações e percursos difíceis, ou seja, ela impede que os perigos, os possíveis erros e as falhas possam interferir no desejo de realizar determinada tarefa. A **audácia** na evangelização é a qualidade do catequista que inova, que escolhe caminhos inexplorados e que busca desenvolver habilidades para propor processos catequéticos adequados às necessidades de seus catequizandos, sem limitar-se a um único método, mas abrindo-se a outros que o inspirem a melhor catequizar.

Ser audacioso é ser capaz de ser criativo, de fazer diferente, mesmo sabendo que poderá enfrentar dificuldades e até ser criticado. É ter a consciência de que, se for uma inspiração do Espírito Santo, então o Senhor fará maravilhas, se fará presente e haverá de proteger todos os passos. Recordemos a audácia de Maria, a Mãe de Jesus, e o seu "sim", e vejamos o que aconteceu: ela enfrentou dificuldades, mas, com sua atitude, nos garantiu que o Filho de Deus feito homem viesse ao mundo, trazendo para nós uma proposta de vida plena, de valores essenciais à dignidade do ser humano. Por isso, tenha **audácia** e caminhe com **entusiasmo**.

A palavra **entusiasmo** tem sua raiz no grego *en-theos* e quer dizer "que leva um Deus dentro". Então, pensemos juntos: se você está entusiasmado, é porque tem Deus em seus pensamentos, gestos e atitudes; mas, se está desanimado, quem está sondando você? Cuide do seu ânimo, do seu **entusiasmo**! Ele é a experiência de um **"Deus ativo dentro de você"**.

Esperamos que você esteja cheio de **audácia**, vigor, **entusiasmo** e, principalmente, vontade de mudar e fazer a diferença na vida daqueles que Jesus colocou em seu caminho. Para isso, você está convidado a completar a lista a seguir com atitudes de audácia e entusiasmo que você se compromete a cultivar em sua missão catequética.

Escreva suas dez escolhas de audácia e entusiasmo para as mudanças, sem medo de ser um catequista feliz:

01.
02.
03.
04.
05.
06.
07.
08.
09.
10.

Vamos em frente? A mudança nos espera!

Ter um objetivo

> É fundamental ter um objetivo em tudo o que fazemos!
> Não vale a pena fazer por fazer.
> Você concorda?

Antes de iniciar qualquer atividade e/ou projeto na catequese e na vida também, é preciso saber aonde se quer chegar para caminhar em direção àquilo que se deseja alcançar. No capítulo anterior, você estabeleceu as suas metas relacionadas à catequese, definindo também as mudanças e os passos a serem realizados para concretizá-la. Isso é fundamental, pois, de acordo com a famosa frase do gato, dita para Alice, na obra *Alice no País das Maravilhas*, de Lewis Carrol (2009), "se você não sabe para onde quer ir, qualquer caminho serve", e ele não tem fim.

No seu caso, você já tem um objetivo e já estabeleceu os vários passos que pode e precisa dar para concretizá-lo. É assim que tudo deve começar: reconhecendo que as suas ações e a própria vida pedem que você tenha objetivos, que trace um roteiro para o seu caminhar. Se isso não acontece, corre-se o risco de ir levando a vida de tal maneira que ela passa, tal como se estivesse deixando pegadas na areia que, ao longo do tempo, desaparecem, causando a sensação de ficar sem saber por onde andou e o que construiu na sua vida; tendo a sensação, talvez, de que até tenha feito muitas coisas, realizado muitas atividades, mas percebendo que, na realidade, não chegou a lugar algum. Certamente isso não é o que você deseja. Como catequista, precisa saber que o objetivo é o combustível para cumprir a sua missão, ou seja, para comunicar a mensagem do Senhor.

Você pode até pensar: "Eu entendo a minha missão e o meu objetivo, eu quero muito ser um catequista discípulo-missionário consciente das minhas responsabilidades, mas às vezes eu sinto que não tenho essa capacidade, que não sei se consigo, e muitas vezes não sei como avançar". Lembre-se de que, ao estabelecer objetivos claros, você poderá programar as ações catequéticas priorizando o que é urgente, necessário e importante, levando em conta o que é possível realizar considerando os recursos e o tempo de que dispõe. Assim, ciente do que precisa realizar para alcançar seus objetivos, poderá investir em sua formação fazendo opções de cursos e estudos que o ajudem a cumprir com o que estabeleceu como objetivos para realizar sua missão de contribuir com a Igreja em evangelizar. Nesse processo, é importante ter sempre presente que nenhum catequista fala por si mesmo, mas em nome da Igreja e, sendo assim, um dos objetivos para corresponder ao convite aceito de evangelizar atuando na catequese é se dispor a caminhar em unidade com o grupo de catequistas de sua comunidade.

Nesse processo de definição de objetivos, de programação das ações catequéticas e de criação de unidade com os colegas catequistas, é fundamental confiar que o Senhor, que tudo sabe, irá provocar transformações extraordinárias em seu coração e em suas ações, e o próprio Espírito Santo falará por você quando for necessário, desde que você esteja aberto e que isso seja da vontade dele. Deus age em nosso favor, mas é preciso que façamos a nossa parte nos dedicando ao que estabelecermos como objetivos e buscando ser disciplinados nas realizações das ações programadas. Não há como estalar os dedos e pedir ao Espírito Santo que atue em você ou lhe dê uma luz se você não estiver preparado e se não tiver conhecimento suficiente para que Ele possa iluminar a sua mente e o seu coração, e você passe a ser instrumento dele. Você entende isso? O Espírito Santo age na pessoa a partir daquilo que ela já conhece, e Ele inspira palavras e ações de acordo com as condições e realidade de cada um.

Vamos identificar como Jesus fez para formar discípulos-missionários. Ele tinha como um de seus objetivos preparar discípulos para serem multiplicadores, formando novos discípulos. Por isso, atribuiu aos apóstolos essa missão ao dizer:

> Toda a autoridade me foi dada no céu e na terra. Ide, pois, fazei discípulos meus todos os povos, batizando-os em nome do Pai e do Filho e do Espírito Santo, ensinando-os a observar tudo o quanto vos mandei. Eis que eu estou convosco, todos os dias, até o fim do mundo (Mateus 28,18-19).

Nessa atribuição de Jesus aos apóstolos, identificamos que ele lhes confia a sua própria missão, tornando-os discípulos-missionários. Para isso, os orienta a serem guiados por um objetivo claro: ir a todos os povos, todos os dias, para fazer discípulos. Para cumprir esse objetivo, Jesus lhes apresenta o objeto da pregação: ensinar os conteúdos do Evangelho, em que se encontra a mensagem que aponta para a transformação do ser humano pela conversão e adesão ao projeto de Deus.

Mas é importante observar que Jesus, antes de lhes atribuir a missão, preparou-os dia após dia. Ficou com eles por três anos ensinando na prática, instruindo com sabedoria e apontando o caminho aos seus discípulos para, depois, enviar o Espírito Santo, a fim de iluminar os passos deles para poderem agir em concordância com o que aprenderam.

Quando o catequista não entende que precisa se preparar antes de assumir a sua responsabilidade de catequizar e que isso é parte do compromisso e do seu "sim" ao chamado que recebeu, consequentemente ele não consegue criar vínculos com a sua missão e muito menos compreender a mensagem de Jesus. Isso significa que possivelmente o objetivo de sua missão irá se perder. Quando isso acontece, é porque o objetivo não estava alinhado ao propósito do seu ministério de catequista.

Porém quando o catequista assume o objetivo de fazer discípulos-missionários, como Jesus orienta, ele tem um propósito que o sustenta e dá força na caminhada. O catequista que tem claro o objetivo de sua missão sabe o caminho a seguir e, por mais difícil que seja a sua jornada, não desiste da sua paróquia ou da sua comunidade, que são a base de apoio, o porto seguro, a fonte, o lugar onde ele pode recorrer para se alimentar de conhecimento, de aprofundamento e de cultivo da própria fé. Entenda, portanto, que tudo isso diz respeito ao objetivo do catequista, que é a missão do discípulo de Jesus.

Determinar o seu objetivo e o propósito que está por trás dele é fundamental para o crescimento e a evolução da sua jornada e, para isso acontecer, é preciso que você tenha a mente aberta para permitir o surgimento de algo novo e, então, para acontecer a transformação ou a mudança. Quando o catequista participa das formações oferecidas pelas coordenações paroquiais ou diocesanas, ou aprofunda seus conhecimentos em cursos e aperfeiçoamentos, ele se abre para as novas possibilidades que lhe permitem melhor anunciar Jesus junto aos seus catequizandos. Naturalmente, isso o conduz a sentir-se mais seguro para avançar. Além disso, é sempre importante destacar que um catequista, assim como os primeiros discípulos de Jesus, não deve caminhar sozinho.

Conforme lemos no Evangelho segundo Marcos 6,7, "Jesus chamou os doze e começou a enviá-los dois a dois". Lembra? Se Ele fez isso, é porque quer que façamos o que ensinou. Então, precisamos acolher a sua Palavra, a sua orientação e os seus ensinamentos nos dedicando a saber estar com os colegas catequistas e, com eles, interagir para compartilhar o que somos, sabemos e fazemos, vivendo em unidade. É isso que faz um verdadeiro discípulo. **Você concorda?**

Agora, queremos convidar você a fazer uma avaliação pessoal, respondendo algumas perguntas com muita fidelidade a si mesmo e à sua missão, e com coragem para encarar os seus medos, a sua realidade e os seus desafios. Escreva o que você pensa, o que vive de verdade e reflita o porquê dessa resposta e onde quer chegar com ela.

Vamos lá?

1. Com quem você tem caminhado? Quem são essas pessoas?

2. Como você se sente com esta(s) companhia(s)? Por quê?

3. Você tem participado dos encontros de formação e reuniões de catequese? O que tem feito de diferente depois?

4. Você sempre colabora com ideias novas e soluções para os problemas que surgem na catequese? Como você vê isso?

5. Você estuda e compartilha o conhecimento adquirido com a sua equipe? Qual é a sua realidade e como pode melhorá-la?

Sabemos que não é em todo lugar que acontecem as formações e oportunidades de aprofundamento no conhecimento da catequese. Isso pode deixar os catequistas desestimulados, fragilizados e até inseguros. O que não pode acontecer é não acreditar que isso também pode mudar, porque o objetivo pelo qual estamos na catequese é muito maior do que as dificuldades que se apresentam. Como já dissemos, as mudanças não precisam ser inicialmente grandes, pois se tornam grandes com o passar do tempo.

As pessoas e/ou condições de nossa realidade não mudam de uma hora para outra, mas podem evoluir, e é aí que volta a questão: se há objetivos definidos, é possível identificar no cotidiano da catequese o que está avançando, quais dificuldades ainda não foram superadas e quais problemas impedem que os objetivos sejam cumpridos. A partir desse olhar, torna-se possível diminuir a distância entre o que se tem e o que se deseja realizar. Assim, analisamos os nossos objetivos em coerência com a realidade, desenvolvendo uma revisão que contribui para que, de forma prática, a catequese se desenvolva de forma contínua e repleta de inovações necessárias para atender a realidade e os tempos atuais.

Você acredita que pode e que outras pessoas também podem mudar de opinião, de atitude, de mentalidade para fazer e agir diferentemente do que fazem cotidianamente?

Não duvide disso! Não se pode ancorar o poder de Deus sobre a nossa fragilidade, não acreditando que seja possível uma evolução pessoal e/ou comunitária de todas as pessoas. É impossível controlar a ação de Deus sobre os seus escolhidos, especialmente se eles agem contribuindo para o seu desenvolvimento. Nós somos dele e precisamos acreditar no poder que Ele tem e na capacidade que Ele nos confere para agir conforme a sua vontade. Quem acredita nisso tem uma mentalidade de crescimento, e eu acredito e espero imensamente que você, catequista, seja assim. Todas essas afirmações têm como objetivo mostrar para você que o ser humano tem uma capacidade ilimitada de se redescobrir, reinventar e ser capaz de ser melhor todos os dias. Acredite!

E esse será um passo firme que dará para ser um catequista-discípulo-missionário incrível. Para tanto, é importante observar que essa conquista se realiza junto à sua paróquia. É nela que você deverá buscar apoio diante de seus anseios. Por isso, sempre que sentir necessidade, converse com a sua equipe, troque ideias, procure seu pároco para pedir ajuda, busque caminhos alternativos dentro da diocese, faça algo antes de reclamar e acredite que algo bom sempre pode acontecer a partir do seu propósito para alcançar o seu objetivo.

A ideia agora é ajudar você a encontrar o seu propósito, partindo do princípio de que você já conhece o seu objetivo.

Vamos lá?

O que está por trás do seu objetivo, ou seja, do seu desejo de catequizar? Por que você quer evangelizar?

A partir da resposta, formule outra pergunta, e assim sucessivamente, até encontrar a raiz do seu objetivo.

Vejamos um exemplo para ajudar você a compreender melhor como desenvolver essa técnica e encontrar a raiz do seu objetivo, do seu desejo, ou seja, o propósito que não vai deixar você parar por nada!

> **Ex.: O meu objetivo na vida é evangelizar.**
>
> **1. Por que quero evangelizar?**
> Porque recebi um chamado de Jesus para ser catequista-discípulo-missionário.
>
> **2. Por que você quer cumprir esse chamado?**
> Porque aceitei o chamado, o convite para catequizar. Eu disse "sim" para Jesus, para a minha comunidade.
>
> **3. Por que você aceitou esse chamado?**
> Porque eu sou católico(a), sou batizado, amo Jesus e não posso negar esse pedido à minha comunidade e ao próprio Jesus que me chamou para segui-lo.
>
> **4. Por que você não pode negar esse pedido à comunidade e a Jesus, que lhe fez diretamente o convite?**
> Porque reconheço que foi o próprio Jesus que me chamou a ser membro ativo da comunidade e me deu uma missão; por isso, preciso fazer a minha parte, que é servir ao Senhor exercendo o meu discipulado para sempre, onde eu estiver. Eu não conseguiria viver sem cumprir a minha missão.

A última resposta é o propósito que está por trás do objetivo de evangelizar. Ela é a raiz do desejo, e não pode haver nada mais importante enquanto houver vida. Você compreendeu?

Agora é a sua vez! Responda às perguntas abaixo.

Meu objetivo é:

Pare, com tempo, para responder às perguntas seguintes, antes de prosseguir a leitura. Faça o que tem que ser feito antes de avançar. Isso vai fazer todo o sentido daqui para frente!

1. Por que você quer (esse objetivo)?

2. Por que você quer a resposta 1?

3. Por que você quer a resposta 2?

4. Por que você quer a resposta 3?

A resposta 4 é a raiz do seu desejo, do seu objetivo.

E, agora, eu pergunto a você: faz sentido você continuar perseguindo o seu objetivo?

Sim ☐
Não ☐

Por quê?

Na expectativa de você ter conseguido completar o exercício proposto e esperando que tenha encontrado o seu propósito, fica aqui um recado muito importante:

> Querido catequista,
> todo serviço prestado por você deve estar inserido no contexto comunitário, ou seja, dentro de uma paróquia. Nós não falamos por nós mesmos, mas, sim, em nome da Igreja, para anunciar a pessoa de Jesus e a sua proposta, lembrando o que disse João Batista no Evangelho segundo João 3,30, quando Jesus iniciou a sua vida pública: "É necessário que Ele cresça e eu diminua". Somos como João Batista, anunciadores de Cristo, cabeça da Igreja, centro da catequese. Somos instrumentos do Senhor e da comunidade para comunicar a mensagem do Evangelho a muitos outros.

A comunidade necessita de catequistas responsáveis e comprometidos com a missão da Igreja. Ela que se atualiza e está atenta aos sinais dos tempos, preparando catequistas que colaboram para alcançar o objetivo maior, que é ser fiel ao mandato de Jesus Cristo de anunciar seu Evangelho sempre e em todos os lugares, para que a fé possa ser cultivada e se manifeste como um estilo de vida que caracteriza a existência dos discípulos-missionários dele (cf. CD, n. 1).

3

O que faz sentido?

> Tudo o que você fizer na vida só fará sentido se estiver alinhado aos seus valores. Você já parou para pensar sobre isso?

Certamente, o resultado das respostas que você deu no capítulo anterior, ou seja, a raiz do seu desejo, do seu objetivo, está coerente com um ou mais de seus valores. E isso faz todo sentido para que você continue se empenhando para alcançá-lo. Você pode estar se perguntando: mas o que são valores? Quais são os meus valores? Preciso mesmo conhecê-los? Por quê?

Muitas pessoas andam pela vida buscando o melhor caminho, e algumas delas não sabem para onde ir e acabam andando sem direção, como já foi explicado anteriormente. Algumas querem fazer muitas coisas, têm muitas ideias e desejos, mas não os executam e/ou desistem diante das primeiras dificuldades, e isso faz com que não consigam chegar a lugar algum. Elas mudam de ideia em vista de atender ao que é momentâneo. Já outras pessoas são perseverantes, porque buscam alcançar seus objetivos, agem diante da clareza do seu propósito e se esforçam ao máximo porque escolhem fazer acontecer, colocam a mão na massa e não tiram até que o resultado apareça.

Dentre as diferenças que encontramos entre as pessoas, uma delas se refere aos seus valores, sendo alguns deles relacionados às características comportamentais de uma pessoa. O que para uma pessoa é valor, não é, necessariamente, para a outra. Por exemplo, **buscar resultado** é um valor para as pessoas comprometidas que gostam de desafios e estão sempre focadas em alcançar suas metas; outro exemplo de valor é **gostar de se relacionar** e está associado às pessoas que não gostam de ficar sozinhas e que estão sempre buscando ajudar o próximo; outro valor é **organização** e é muito próprio das pessoas que são planejadoras e metódicas; e, por último exemplo, que tal o valor de **ser detalhista**? Esse último valor está diretamente relacionado às pessoas que atuam em áreas que demandam análise, pesquisa, observação mais apurada.

Todos esses valores são importantes, e não podemos afirmar que um valor é melhor que outro, porque isso depende de cada pessoa, da sua formação familiar, religiosa, cultural e daquilo que é importante para ela. Eles apenas são diferentes e, por isso, é necessário dedicar tempo para identificar quais são os nossos valores e quais são os valores das pessoas com quem convivemos, trabalhamos, evangelizamos. Esse reconhecimento contribui para uma convivência respeitosa e não haver desentendimentos e julgamentos injustos.

Os valores regem as nossas atitudes, nos motivam para aquilo que fazemos naturalmente, e são eles que comandam os nossos passos. Ninguém, em sã consciência, age contra seus próprios princípios e valores. Isso vai contra aquilo que é importante e que está alinhado ao seu conceito de vida, e que faz sentido para continuar vivendo. Quando não conhecemos quais são os nossos valores, ou seja, quando não temos clareza daquilo que é importante para nós, na maioria das vezes não compreendemos a causa dos nossos desconfortos internos, quando agimos contrariamente a eles ou quando outras pessoas tomam atitudes que ferem esses valores.

Identificar quais são os seus valores é conhecer-se a si mesmo, sua essência e, também, estar aberto para compreender melhor o outro que convive ou passa por você.

Pare e pense

> O que vem à sua mente quando pensa em valores? Anote formando uma nuvem de palavras.

Ao listarmos os nossos valores, observamos que são muitos e, consequentemente, são importantes. Mas, para nós, cristãos, há um que é essencial para sermos fiéis no seguimento a Jesus Cristo. Esse valor é o amor. Foi o próprio Jesus que nos orientou sobre o amor ao dizer: "Amarás o próximo como a ti mesmo" (Marcos 12,31).

O amor é um valor essencial, presente na dinâmica familiar, no relacionamento entre os amigos e, inevitavelmente, deve estar presente nas relações com o próximo. Mas, como amar o outro, que pode ser próximo ou não, se eu não me amo como realmente sou? Se não consigo ter um sentimento positivo sobre mim, se me desclassifico, me diminuo, ignoro meus sonhos e desejos, se eu não reconheço meus dons e talentos e nem acredito que eu os tenha? Como amar o próximo se eu não me amo?

Essas questões precisam ser refletidas por todo catequista que disse "sim" ao chamado para contribuir com a educação da fé de crianças, adolescentes, jovens ou adultos. Em sua missão, o valor do amor é essencial, pois é ele que impulsiona a desenvolver relacionamentos melhores ao nos tornar hábeis em sermos cuidadosos com o sentir do outro, ao agir com respeito mesmo em situações adversas, ao enfrentar com segurança os desafios de nossa missão.

No entanto, embora tudo isso pareça ser fácil de entender, nem sempre é fácil de manifestar e/ou viver no dia a dia, às vezes tão agitado e desafiador. Por isso, não se pode perder de vista que o catequista, antes de ser catequista, é um ser humano, obra-prima de Deus que precisa se conhecer e se reconhecer um ser criado à imagem e semelhança do Criador, com dons, talentos e inteligência que o tornam capaz de fazer algumas coisas que somente ele poderá fazer pelo grupo e pela comunidade. E, fundamentalmente, é necessário saber se relacionar com o próximo, que também é obra-prima de Deus e, portanto, também detentor de diferentes valores, dons, talentos etc. Mas, infelizmente, existem muitas desavenças desnecessárias, até mesmo dentro das comunidades cristãs, e a causa disso é a falta de compreensão e conhecimento diversidade de valores.

Como testemunhas de Cristo no mundo, todo catequista precisa aprender a exercitar os valores humanos e cristãos para ser melhor para si e para o próximo, além de aperfeiçoar o seu relacionamento com o mundo. Deus não nos fez ilhas, Ele não quis que vivêssemos isolados, mas, sim, em comunhão com mais pessoas, partilhando as alegrias e as dificuldades da vida. E Ele distribui entre nós, seus filhos e filhas, dons e talentos como uma graça para serem desenvolvidos e colocados a serviço da Igreja, do próximo, de modo a compor a nossa caixa de ferramentas que nunca está completa, mas necessita daquela que o meu próximo tem.

Assim, em algumas situações, nos complementamos ao compartilhar nossos dons e talentos. Portanto, para sermos testemunhas de Cristo, é preciso buscar o autoconhecimento e o desenvolvimento humano, ou seja, é preciso se conhecer e, consequentemente, conhecer o próximo, e estar em constante evolução como ser humano, imagem e semelhança de Deus.

Mas, para isso acontecer, é necessário querer sair do casulo do nosso mundo interior. Para isso, é preciso que este mundo seja visto e conhecido com clareza, com nitidez, com calma, com tempo.

Quando saímos de nós mesmos, ou seja, da nossa mesmice, do nosso casulo da conformidade, criamos a oportunidade e a possibilidade de conhecer algo novo que também está acontecendo ao nosso redor, no nosso meio, onde estamos inseridos. Sempre voltaremos para lá, mas é essencial sairmos para refrigerar o cérebro e o espírito com novos ares e conhecimento e, principalmente, estarmos abertos para aprender e ser melhor a cada dia aprimorando os dons e talentos recebidos do Senhor. Mas como fazer isso? Enxergando-nos do lado de fora e percebendo o quanto somos belos aos olhos de Deus e, também, se estamos, ou não, agindo como deveríamos ou poderíamos agir, de modo diferente ou, até mesmo, melhor do que somos e fazemos atualmente.

Vamos começar a exercitar o autoconhecimento realizando o exercício de olhar para dentro estando do lado de fora. Nem sempre é tão simples nem tão fácil identificar os nossos valores, mas é possível, e queremos ajudar você a descobrir esse tesouro que está aí dentro e que talvez você ainda não conheça!

Vamos lá?

Memorize esta frase

Todas as vezes que você ficar muito chateado, bravo mesmo, e até com muita raiva, saiba que é porque mexeram (ou você mesmo mexeu) com seus valores.

Geralmente, quando somos tratados sem respeito e sem consideração, nós nos tornamos como que animais irracionais, reagindo destemperadamente, porque nos sentimos machucados, feridos e, instintivamente, nos posicionamos de modo defensivo. Mas isso poderia ser diferente se dominássemos o conhecimento de nós mesmos, se desenvolvêssemos a nossa inteligência emocional aprimorando o nosso modo de ver, não apenas a partir de nós, mas com foco na perspectiva do outro, favorecendo uma convivência mais saudável.

Repare no modo de agir de Jesus quando foi humilhado, desprezado, excluído, maltratado. Em nenhum momento Ele se desequilibrou, perdeu os seus direitos e mostrou-se sem inteligência emocional; ao contrário, teve domínio de si, que é um valor essencial às relações humanas. A exemplo dele, precisamos cultivar em nós valores cristãos, frutos dos dons do Espírito Santo (cf. Gálatas 5,22-23).

> Mas como cultivar algo que nem sabemos que existe?

É por isso que estamos abordando esse assunto com você para motivá-lo a aprofundar-se no conhecimento de si mesmo, desenvolvendo o autoconhecimento. E, a partir disso, sentir-se preparado para assumir a sua missão, o seu compromisso e a sua responsabilidade de discípulo-missionário, refletindo a luz de Cristo no mundo, principalmente como catequista. E isso, sim, faz sentido! **Concorda?**

Apresentaremos algumas perguntas para ajudar você, nesse processo de autoconhecimento, a descobrir os seus valores, aquilo que realmente importa para ser um catequista mais consciente de seu comportamento e se relacionar melhor com os seus catequizandos e as pessoas à sua volta. Mas é preciso que você cumpra um combinado: não responda se estiver com pressa. Lembre-se de que é preciso sair do seu casulo e enxergar-se "fora da caixinha". E você não vai fazer isso de qualquer jeito, não é!?

Você está preparado? É o seu momento? Se sim, continue avançando. Se só estiver cumprindo tabela, pare! É melhor não dar mais esse passo, porque ele pode levar você para outro lugar que não seja para dentro de si. Caso você esteja preparado, comece agora!

Leia com atenção cada pergunta e responda. Sem pressa, no seu tempo, mas de modo muito verdadeiro consigo mesmo. É para você, com você!

1. Pense no seu objetivo, aquele que você já definiu no capítulo anterior. Retome-o e escreva. Depois, complemente respondendo: qual será o seu sentimento quando você conseguir alcançá-lo? Por que você vai se sentir assim?

2. Quais são as coisas mais importantes na sua vida?

3. Pensar sobre isso lhe traz quais sentimentos?

4. O que esses sentimentos proporcionam a você?

5. Quais são os seus talentos? Relacione-os.

> Obs.: Talento não significa apenas talento artístico. Uma pessoa pode ter talento para lidar com pessoas, para resolver problemas, para acolher e escutar, para catequizar etc.

6. Você se preocupa com o que os outros pensam sobre os seus talentos? Justifique a sua resposta.

7. Quais sentimentos os seus talentos proporcionam a você?

8. Relacione:

a. Quais talentos você **utiliza** para cumprir a sua vocação de ser catequista? Explique por que eles contribuem.

b. Quais talentos você **não utiliza** para cumprir a sua vocação de ser catequista? Explique por que você considera que esses talentos não precisam ser utilizados para a catequese.

9. Observando o que você respondeu na questão anterior, você identifica que está evoluindo em relação à sua missão para com a catequese? Justifique.

10. Como você se sente neste momento em relação à catequese? O que motiva você a não desistir da catequese?

11. Pelo que você manifestaria gratidão hoje? Por quê?

Agora que você respondeu às perguntas, vai precisar descobrir quais são os valores que estão por trás de cada resposta dada. Vejamos alguns exemplos de resposta para a pergunta 2, para ajudar você a entender como extrair o "valor" das suas respostas.

Ex. 1:

"O que mais importa para mim é estar o máximo possível com a minha família". O valor que está por traz dessa resposta é "família".

Ex. 2:

"O que mais importa para mim é estar conectada com Deus em todos os momentos". O valor é "espiritualidade".

Somos o resultado de nossos valores e experiências, de tudo aquilo que faz parte de nossa vida. Entendendo assim, pode-se dizer que, dentro de cada uma de suas respostas, existe um valor que você deverá identificar e anotar ao lado e, se desejar, pode validar com pessoas próximas a você, perguntando se elas enxergam que esses são os seus valores. A percepção dos seus valores por outras pessoas próximas a você é importante para confirmar se os valores que você identificou são os mais fortes e significativos na sua vida.

A seguir está uma lista para ajudar você a identificar quais são aqueles valores que estão mais relacionados às suas respostas, visando contribuir com o seu autoconhecimento e, consequentemente, conhecer o próximo também.

Valores

- ☐ Aceitação social
- ☐ Alegria
- ☐ Ajudar os outros
- ☐ Altruísmo
- ☐ Amizade
- ☐ Bondade
- ☐ Caráter
- ☐ Compaixão
- ☐ Competitividade
- ☐ Comprometimento consigo mesmo
- ☐ Comprometimento com o próximo
- ☐ Coragem

- ☐ Cordialidade
- ☐ Cooperação
- ☐ Comunicação
- ☐ Confiança
- ☐ Conforto
- ☐ Cortesia
- ☐ Conhecimento
- ☐ Consideração
- ☐ Contribuição
- ☐ Criatividade
- ☐ Desafio
- ☐ Dinamismo
- ☐ Disciplina
- ☐ Diversão

- ☐ Empatia
- ☐ Espiritualidade
- ☐ Estabilidade
- ☐ Evolução permanente
- ☐ Ética
- ☐ Excelência
- ☐ Família
- ☐ Fidelidade
- ☐ Fraternidade
- ☐ Gratidão
- ☐ Honestidade
- ☐ Honra
- ☐ Igualdade
- ☐ Independência
- ☐ Individualidade
- ☐ Iniciativa
- ☐ Inteligência emocional
- ☐ Justiça
- ☐ Lealdade
- ☐ Liberdade
- ☐ Motivação
- ☐ Mudança

- ☐ Organização
- ☐ Paciência
- ☐ Poder
- ☐ Pudor
- ☐ Previsibilidade
- ☐ Proatividade
- ☐ Prudência
- ☐ Realização pessoal
- ☐ Realização profissional
- ☐ Reconhecimento
- ☐ Reputação
- ☐ Respeito
- ☐ Responsabilidade
- ☐ Rotina
- ☐ Sabedoria
- ☐ Ser visto como bonzinho
- ☐ Segurança
- ☐ Solidariedade
- ☐ Status
- ☐ Sucesso
- ☐ Tolerância
- ☐ Outro:_____

Como já foi mencionado anteriormente, todas as vezes que você fica muito irritado, indignado ou até com um sentimento de raiva diante de alguma situação ou de alguma pessoa que falou ou fez algo para você ou para o outro, é porque os seus valores foram feridos ou tocados de modo inadequado. Por isso, quando você se sentir assim, pense que quem feriu você nem sempre o fez propositalmente. O que aconteceu é que a pessoa esbarrou em algo que é valoroso para você, por exemplo: justiça, liberdade, alegria, responsabilidade, caráter, dentre tantos outros. Sempre que isso ocorrer, pare e pense qual valor seu foi ferido e esclareça ao outro o que está acontecendo. No mínimo, você evitará brigas e desentendimentos, e se sentirá muito melhor conhecendo-se e conseguindo controlar melhor as suas emoções. O mesmo pode acontecer com você, quando alguém fica chateado com algo que você falou ou fez. E, quando isso acontecer, exercite a empatia e pergunte à pessoa qual foi o sentimento dela que você feriu.

Voltemos a nossa atenção, agora, para os catequizandos.

Aprenda também a fazer a leitura dos valores deles, observando o comportamento, os desejos e as falas para poder conhecê-los melhor, evangelizá-los e atraí-los, ajudando-os a ter um encontro íntimo com Jesus. Lembre-se de que Jesus tocava o coração das pessoas porque as conhecia verdadeiramente. E nós, como catequistas, inspirados em Jesus, precisamos buscar identificar o que está por trás das palavras e atitudes do outro, e não somente o que ele mostra externamente, para compreender a sua realidade e o seu sentir. O valor de uma pessoa pode ser compreendido e conhecido quando nos perguntamos: o que a pessoa está sentindo? Ao ter acesso ao que a pessoa está sentindo, torna-se possível identificar o valor que está por trás de uma reação inesperada ou de um comportamento que nem sempre condiz com o que ela está querendo transmitir.

Tudo o que você fizer com esse conhecimento, ao identificar os valores dos seus catequizandos, colabora para que a catequese faça sentido na sua vida e na vida deles também.

Hoje, suas atitudes e sua fala nos encontros de catequese estão fazendo sentido para seus catequizandos? Estar na catequese é algo que está alinhado aos valores que são significativos na vida deles? Entenda que você pode descobrir quais são esses valores e, assim, poder se relacionar melhor com cada um. Essa é a maravilha do autoconhecimento: relacionar-se melhor. E, como nos ensina o Diretório para Catequese (2020) em seu número 113c, "o catequista, especialista em humanidade, conhece as alegrias e as esperanças de cada pessoa, suas tristezas e angústias (GS, n. 1) e sabe colocá-las em relação com o Evangelho de Jesus". Se precisamos ser *especialistas em humanidade*, precisamos conhecer mais para nos relacionar melhor.

Catequese é vida, requer conhecer o outro e, sem medo de ser uma ousadia, segue a pergunta que não quer calar: você compreende "verdadeiramente" o que é catequese viva?

Se a catequese é viva, como é possível evangelizar sem conhecer o outro que é vivo, que tem desejos, sonhos, expectativas, vontades e valores próprios, oriundos de uma formação familiar, de um berço, de uma cultura? Essa questão nos ajuda a reconhecer que tão importante quanto os conteúdos e a mensagem a transmitir são as pessoas que estão aos nossos cuidados. Por isso é imprescindível que o catequista dedique tempo para escutar seus catequizandos sem emitir juízo de valor. Ao escutá-los, poderá entendê-los melhor e, também, favorecerá as condições para que o escutem. Essa dinâmica de falar e ouvir passará a fazer parte da rotina catequética de tal modo que fará dos encontros espaço de partilha em que se entrelaçam o conteúdo catequético, a reflexão da Palavra, a oração, construindo vivências que mobilizam a maneira de testemunhar no cotidiano o que foi ouvido, aprendido, orado, em uma constante interação entre a fé e a vida.

Ao pensar em realizar uma catequese viva, lembre-se do que acabou de ler. A catequese só fará sentido se estiver alinhada com os valores dos catequizandos e se eles se reconhecerem protagonistas. No entanto, se você não conhecer os valores de cada um, perderá o seu tempo e o tempo deles, e suas palavras se perderão como folhas ao vento e, ainda pior, eles formarão uma opinião muito negativa com relação à catequese e ao que é "ser Igreja". E, quando isso ocorre, é muito comum ouvir alguns catequistas dizerem que esse comportamento surge porque os catequizandos são dispersos e não se interessam pelos assuntos da catequese. Saiba que os catequizandos não são dispersos; ao contrário, perceba o quanto e no que eles estão interessados. O que acontece na sua catequese, caso estejam desinteressados, é que você pode não estar falando algo ou exercendo o seu papel e o seu conhecimento para gerar interesse ou promover a atenção deles. Você pode não estar caminhando na direção daquilo que faz sentido para eles.

Mas, considerando o que foi dito, faz-se necessário questionar: será que os encontros de catequese fazem sentido para os catequizandos? Será que eles se sentem protagonistas do seu processo de educação e amadurecimento da fé?

É vital, para realizar um bom processo catequético, identificar o quanto e no quê os catequizandos estão interessados, e caminhar na direção daquilo que faz sentido para eles, comunicando a mensagem do Evangelho. Por isso, caro catequista, seja você e a sua prática o elemento transformador na vida dos seus catequizandos, praticando com eles o diálogo amoroso, o respeito e o acolhimento à sua realidade que faz você testemunhar os valores do Evangelho junto deles.

Tudo isso faz sentido agora?

Pense e reflita antes de avançar!

4

Acreditar que é possível

> De nada adianta você ter um objetivo, ele fazer sentido, mas você não acreditar que ele vai acontecer ou que você vai alcançá-lo.

Quando o catequista compreende o seu chamado vindo do próprio Deus, na pessoa de Jesus Cristo, que quer estabelecer uma relação mais íntima para, dentro dessa proximidade, formá-lo para enviá-lo, ele passa a acreditar que tudo é possível e que também consegue cumprir a sua missão, afinal, como disse São Paulo aos Filipenses 4,13: "Tudo posso naquele que me fortalece".

Porém, ao contrário, quando o catequista não teve o encontro com o Senhor e acredita que apenas faz um trabalho voluntário para a paróquia, prestando um serviço social ou religioso, ele ainda não está devidamente envolvido e, consequentemente, não se sente pertencente à missão nem preparado para transmitir o Evangelho com palavras e ações; o Caminho, com seus passos; a Verdade, com a verdade; a Vida, com a vida. E aqui se encontra um ponto de fragilidade em muitas comunidades que precisam promover o encontro do catequista com o Senhor e, assim, fortalecer a sua equipe de catequistas para serem discípulos-missionários e transmissores da mensagem de Jesus Cristo.

Sabemos que a missão do catequista é fazer ecoar a Palavra de Deus no coração e na vida daqueles que a ouvem. Mas o que é fazer ecoar no outro?

Podemos entender que fazer ecoar é quando a pessoa escuta a mensagem e, por ela, é transformada; ou seja, a mensagem ecoa, gerando mudança quer nas atitudes, quer no modo de pensar, ver e viver no dia a dia, quer na prática cristã, quer no fortalecimento da fé. Essa transformação vai acontecendo gradativamente, a exemplo de como era a pedagogia de Jesus para formar discípulos-missionários.

Vejamos como Jesus age com algumas pessoas de sua época e como nos inspira a acreditar que é possível fazer uma catequese em que os envolvidos se tornam protagonistas.

No encontro de Jesus com a Samaritana, narrado no Evangelho segundo João 4,4-42, podemos reconhecer como isso acontece. Na época, judeus e samaritanos não conversavam entre si, e as mulheres eram consideradas inferiores.

A Samaria era desprezada pelos judeus e vista como uma nação impura devido à presença e consequentemente mistura, de cinco diferentes povos pagãos, e ao culto de cinco deuses, além do deus Baal, que os samaritanos cultuavam junto com o Deus de Abraão, Isaac e Jacó. O que surpreende nesse encontro é a atitude de Jesus, que, mesmo conhecendo essas condições religiosas e sociais, inicia um diálogo com a mulher, pedindo-lhe água. Esse pedido foi o início para que a aproximação entre eles acontecesse, juntamente com o processo de inclusão e valorização da mulher. No decorrer do diálogo, a mulher foi acolhida, e Jesus foi propiciando-lhe a iniciação à fé explorando muitos temas essenciais para que ao final desse encontro, tendo ouvido Jesus, ela se tornasse missionária, apresentando a todos que encontrava o Messias que havia chegado e que estava entre eles. A sua convicção ao anunciar a pessoa de Jesus fez com que todos que a ouvissem fossem até onde Ele estava.

Nessa narrativa percebemos que Jesus fez com a Samaritana uma catequese gradual, passo a passo, desde o modo de aproximação até a forma de interagir com ela progressivamente, respeitando os seus questionamentos e o seu tempo. Nesse texto, entendemos como deve ser o agir do catequista junto aos catequizandos, tratando os conteúdos catequéticos um de cada vez, permitindo os questionamentos sem emitir juízo de valor, provocando a interação entre a fé e a vida de modo a que despertem para a necessidade de viver uma experiência de mudança, de descobrir o sentido da vida cristã e, por fim, de assumir o compromisso de testemunhar o amor de Deus onde estiverem.

Outro fato é o que acontece após a ressurreição envolvendo Jesus e Tomé, que encontramos no Evangelho segundo João 20,25-29. Esse acontecimento nos ajuda a pensar como fazer uma catequese fora da caixinha. Vamos entender como.

Tomé estava ausente quando Jesus ressuscitado apareceu aos discípulos. Ele não acreditou quando os seus amigos lhe disseram terem visto Jesus. Diante do fato, ele se manifestou dizendo que, enquanto não pudesse ver e tocar os sinais da crucifixão, não acreditaria. Isso foi como um balde de água fria nos discípulos, que haviam visto o Senhor ressuscitado e, por isso, acreditaram. Passados alguns dias, estando os discípulos reunidos, Jesus entrou saudando-os e depois disse a Tomé: "Põe aqui o dedo e olha minhas mãos, estende a mão e põe no meu lado, e não sejas incrédulo, mas homem de fé" (Jo 20,27). Esse fato e palavras chegam até nós e nos questionam: por que nos falta fé naquilo que outros viram? E, também, nos ajudam a compreender que cada um, individualmente, recebe de Jesus todo o seu amor.

Os discípulos só acreditaram na ressurreição do Senhor porque O viram. Maria Madalena, que viu o túmulo vazio, só acreditou quando ouviu seu nome pronunciado, momento em que os seus olhos se abriram, e ela também O viu. Tomé não acreditou na ressurreição do Senhor enquanto não O viu e tocou em suas chagas. E, mesmo assim, Jesus o acolheu, permitiu-lhe certificar-se de que estava entre eles e lhe disse: "Acreditaste porque viste? Felizes os que acreditaram sem ter visto" (Jo 20,29).

Tomé fez a experiência do encontro pessoal com Jesus e pôde afirmar a sua fé no Ressuscitado. Por isso, enquanto o encontro com Jesus ressuscitado não se dá, não há como exigir a transformação interior, nem sua própria nem a do outro. Cristo vivo e presente no nosso meio precisa ser encontrado e visto por todos! E isso é mistério que testemunhamos com a nossa fé e com nossas atitudes e comportamentos.

> Entendendo a catequese de Jesus, como podemos catequizar tornando os catequizandos protagonistas de seu crescimento e amadurecimento da fé?

Volte o seu olhar para tudo o que acabou de ler e compreenda que, nos momentos mais angustiantes e duvidosos da sua missão, você precisará repensar o seu chamado e colocar-se diante do Senhor, que o chamou, a fim de entender que você tudo pode porque Ele está ao seu lado e a fim de acreditar que é possível, sim, tocar a vida e o coração de seus catequizandos, sem culpá-los pelas vezes que não se interessam pela catequese, mas acolhê-los, assim como Jesus fez com Tomé, dando-lhes a oportunidade de fortalecer sua fé.

Esse texto também nos ajuda a compreender que é preciso manter o foco nos objetivos estabelecidos, confiando em nossos dons e talentos para fazer ecoar a Palavra de Deus. Além disso, você precisará ter presente que sua catequese, como dissemos anteriormente, precisa ser viva, dinâmica e vivencial, para que os seus catequizandos se tornem testemunhas e agentes de transformação em suas realidades.

Vejamos um relato que pode nos ajudar a melhor refletir.

Na minha realidade, enquanto eu estava como coordenadora de catequese na minha paróquia, a minha responsabilidade era preparar/oferecer algo inusitado a cada semana, para ajudar os catequistas a despertar nos catequizandos a curiosidade do que iriam vivenciar lá. Isso dava trabalho, confesso! Mas eu não conseguiria fazer diferente, porque via sentido naquilo que estava fazendo. Se eu não fizesse, era como se eu fosse contra os meus valores e os objetivos da minha missão. E alguns dos meus valores são: desafio, mudança e liberdade.

O inusitado que eu propunha aos catequistas, por acreditar ser algo possível que tocaria a mente e o coração dos catequizandos, era realizar, em toda última semana do mês, algum tipo de trabalho manual, um artesanato. Começávamos e terminávamos no mesmo dia.

Acredito que trabalhar com as mãos abre a mente e o coração, e, enquanto os catequizandos pensavam que estavam fazendo arte, eles estavam, na verdade, aprendendo alguns verbos que expressam valores e virtudes essenciais à vida cristã como: partilhar, distribuir, contribuir, fazer junto, dividir, olhar nos olhos, conversar, colaborar, participar, rezar, ajudar o outro etc.

Os materiais usados naqueles momentos de "fazer da catequese uma arte" eram colocados sobre uma única mesa para que todos os catequizandos os usassem com respeito e educação. Não havia um lápis, um pincel ou uma tinta vermelha para cada um, pois, desse modo, estavam aprendendo como compartilhar os recursos, o respeito e a paciência ao esperar e administrar o seu tempo em relação ao tempo do outro e, consequentemente, estavam exercitando os valores do Evangelho e aplicando-os na catequese, junto a uma pessoa idosa na rua ou em sua casa, por exemplo.

Embora muitos catequistas participassem das atividades, eles achavam muito trabalhoso tudo aquilo, desde a preparação das atividades até a organização e a limpeza do espaço ao final do encontro. Eles não queriam ficar de fora da atividade, mas, infelizmente, nem todos tinham a percepção adequada acerca da importância de atividades como essa, pois não acreditavam que fazer arte durante o encontro pudesse ser catequese, ou seja, não conseguiam compreender a relação dessa atividade e o seu benefício sociotransformador. Para melhor compreender, todas as artes que os catequizandos faziam a cada mês eram vendidas no final do ano em um pequeno bazar que a equipe de catequese organizava para a comunidade, e o dinheiro arrecadado era destinado para um abrigo que acolhia crianças órfãs e abandonadas ou vítimas de maus tratos.

Os catequizandos sabiam que esse era o objetivo daquele encontro artístico de catequese e, de modo subliminar, sem a imposição de nenhum conceito, eles praticavam a solidariedade, desenvolviam a preocupação com o bem-estar do próximo, fosse ele quem fosse, e também exerciam a caridade. Eles davam o melhor de si para que sua obra ficasse muito linda, e assim fosse comprada, e a sua boa vontade e dedicação se revertessem em um bem para uma criança ou alguém que tivesse alguma necessidade a ser atendida.

Nessa experiência, tínhamos como atividade, durante o ano de catequese, realizar duas visitas a abrigos de crianças, levando os catequizandos com seus pais para conhecerem uma realidade diferente da deles. Estando lá, misturavam-se e brincavam o tempo todo e, às vezes, nem queriam ir embora. Nesse dia, cada família levava alguma doação de alimento ou produto de higiene que o abrigo estivesse precisando, tornando-se participantes solidários, fazendo vários tipos de doações com frequência. Atualmente, essas visitas não são mais permitidas aos abrigos para que as crianças e sua realidade não sejam expostas. Mas a ajuda com materiais de higiene, brinquedos, alimentos e roupas sempre é bem-vinda. Vale lembrar que, antes de ajudar uma instituição, é melhor procurar saber do que ela precisa, pois é isso que importa!

Toda essa proposta consistia em ajudar os catequizandos a assumir o compromisso com o próximo, a vir a contribuir para a transformação de alguma realidade, colocando-se como presença fraterna junto às pessoas.

Pare e pense

> Como não acreditar em uma catequese que gera vida através do amor ao próximo?
> O que será que os catequizandos aprenderam como experiência que servirá para a sua vida adulta?
> De que maneira é possível associar os ensinamentos de Jesus à experiência dos catequizandos, a partir dos encontros artísticos que podem proporcionar ações sociotransformadoras?

Não sei se você já pensou nisso, mas aqui está mais uma oportunidade para inovar na catequese, para fazer diferente e realizar uma experiência de sair da caixinha, da rotina, da mesmice e gerar interesse genuíno nos catequizandos, atraindo-os para uma catequese viva.

Neste momento, você também é convidado a colocar a mão na massa respondendo a oito perguntas e, depois, junto com o seu grupo de catequistas, a fazer uma partilha das respostas. Cada catequista entrará com uma ideia e sairá com várias. Dessa forma, todos levarão para a catequese uma série de ideias novas, ou seja, terão um rico material para inovar.

Vamos lá?

1. O que você entende por catequese interativa e participativa, sociotransformadora?

2. Depois de ler este capítulo, algo mudou no seu modo de pensar, no seu entendimento sobre o que é catequese viva, participativa e sociotransformadora?

3. A respeito da sua catequese, o que você acredita que pode ser melhorado? O que você pode inovar para encantar?

4. Quando foi a última vez que você fez algo diferente na catequese? O que você fez?

5. Você sente que é hora de fazer uma troca ou mudança na catequese? O que você sugere?

6. Você acredita verdadeiramente nessa mudança? Quanto de 0 a 10? Qual seria o seu primeiro passo?

7. O que você poderia fazer e ainda não fez na catequese para provar que está aberto para inovar, para promover experiências que estabeleçam a interação entre a fé e a vida? Faça uma proposta para partilhar com seu grupo.

8. Que tipo de mudança você gostaria que acontecesse na vida dos catequizandos a partir de uma nova catequese?

Reúna a sua equipe e façam a partilha das respostas.

O resultado certamente será extraordinário para a catequese.

O primeiro passo para alcançar o que queremos é acreditar que é possível. Esse é um dos passos mais importantes, porque é pouco provável que algo dê certo se você não acreditar. Dê o primeiro passo. "Não tenha medo!" Essa é uma ordem que se repete mais de trezentas vezes na Bíblia. Perceba que está no imperativo. É Deus nos falando sem parar: tenha coragem! O medo é bom porque nos protege, e o resultado provoca duas atitudes: ficar paralisado ou avançar, sair correndo. Qual delas você vai escolher para fazer ecoar a Palavra de Deus na vida dos seus catequizandos?

Acredite que é possível e avante!

5 Evolução contínua

> Pessoas que têm dentro de si a necessidade de evolução contínua, quando se encontram diante de um fracasso, encaram-no como um desafio. Elas nem sequer imaginam que estão fracassando. Elas acham que estão aprendendo.
> (Dweck, 2016, p. 12).

E você? Quando se encontra diante de algo que não deu certo se sente fracassando ou aprendendo? Quando você se coloca na condição de fracasso, de perda, de desânimo, é o mesmo que enxergar o copo meio vazio, sabe!? É ter um olhar pessimista, de perdedor.

Mas, quando você erra e se coloca na condição de aprendiz, é capaz de enxergar o copo meio cheio, como que ainda tendo muita água para matar a sede e como que ainda tendo muito chão para percorrer com muitas oportunidades e esperança de chegar aonde quer.

Estamos trilhando um caminho e traçando uma linha de raciocínio, então podemos afirmar que você tem um objetivo definido sobre aonde quer chegar e por que quer chegar lá; você entende que esse objetivo faz todo o sentido para a sua vida e para a sua missão, e o impulsiona a continuar caminhando; você sabe que é preciso e que você pode acreditar que é possível avançar quando se tem um propósito, e que esse propósito está claro para você, certo!? Agora é hora de perseverar e continuar crescendo. E aprenda com esta máxima: "Tudo o que não está crescendo está morrendo". Você está crescendo ou morrendo?

Preste atenção!
É a natureza nos ensinando. Quando uma árvore para de crescer, ela inicia o seu processo de morte, porque não vai mais se desenvolver. E como trazer isso para a vida do catequista?

Diferentemente de uma planta, nós, seres humanos, somos aptos a aprender algo todos os dias de nossa vida e, até mesmo, no momento da nossa morte, quando nos resta a esperança da salvação. Se temos essa capacidade, então você concorda que é possível evoluir todos os dias e que isso é possível? **Sim. É possível.**

Nós, quando atuamos na catequese, temos um objetivo em comum e, certamente, tanto um como outro catequista, a seu modo, se dedica a esse objetivo, que é comunicar a mensagem do Evangelho, os ensinamentos de Jesus e da Igreja aos catequizandos. E isso já é um bom começo! Ou seja, todos podem estar aptos para adquirir conhecimento, abertos para conhecer, sempre mais, algo novo para alcançar a sua meta. Lembrando que, para isso acontecer, é necessário se dispor a participar ansiosamente das formações propostas em suas comunidades e em outros lugares, buscando sempre evoluir, saber mais para melhor ensinar e cumprir a missão que Jesus lhe confiou.

Agora, vamos entender o que acontece nas comunidades.

Dentro do processo, há dois grupos de catequistas: de um lado, aqueles que estão dispostos a dedicar tempo para estudar e para aprender sobre a sua missão; do outro, os que não compreendem a importância do aprofundamento da fé e do conhecimento porque acreditam que entendem e já sabem o suficiente, e que para falar de Deus não há necessidade de estudar, de preparar-se para adquirir mais conhecimentos, ou mesmo revisitar o que já sabem para melhor dominar as informações.

No que diz respeito ao segundo grupo, àqueles que estão desestimulados e desanimados, nós os chamamos de balões que estão murchos ou furados, que é o mesmo que dizer que não estão dispostos a se encherem de nada mais, pois acreditam que são autossuficientes. Mas, infelizmente, eles já não têm o mesmo brilho e vigor, não se sustentam nem fazem a diferença onde estão; ao contrário, às vezes, devido à sua resistência, tornam-se problema para a comunidade, pois sempre estão na contramão das inovações necessárias para atender às novas gerações. Podemos dizer que, de certo modo, estão estagnados, parados.

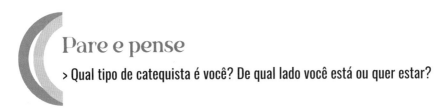

Pare e pense

> Qual tipo de catequista é você? De qual lado você está ou quer estar?

Saiba que o catequista precisa necessariamente ter uma mentalidade aberta e sempre pronta para evoluir. O aprendizado é prioridade, e os desafios são bem-vindos como se fossem caminhos de prosperidade, independentemente de serem fáceis ou difíceis. É importante compreender que o caminho do aprendizado é gradativo e processual. Não há necessidade de tentar obter tudo de uma única vez. E essa preparação sempre está em vista da missão, do objetivo a que se propõe concretizar. Lembre-se de que você nasceu pequeno e gradativamente foi crescendo para chegar hoje a ser tão grande e forte. Isso não se deu do dia para a noite, concorda?

Então, fique atento às pequenas oportunidades de crescimento, porque é de pouquinho em pouquinho que conseguimos evoluir continuamente. É melhor dar pequenos passos do que ficar parado. Se você parar de crescer, de buscar o seu desenvolvimento, lembre-se, você começará a morrer, não importando qual seja sua idade. Então, esperamos que você faça parte do primeiro grupo ou que, neste momento, reconheça que é melhor fazer parte dele.

Ser um catequista com mentalidade de crescimento, ou seja, que busca a evolução contínua, requer acreditar naquilo que pode vir a ser, que é possível modificar e a que é necessário se dedicar para avançar. Ainda, requer compreender que haverá momentos difíceis em que você poderá passar por situações desanimadoras também. No entanto, é preciso usar a sua convicção que gira em torno de seu objetivo para não se deixar abater, seja pelos nãos recebidos seja pelas quedas no caminho.

Por isso, catequista, você precisa entender que para aprender e crescer, além de sentir a alegria das descobertas, poderá, também, sentir desconforto, raiva, dor emocional e até física durante o processo de aprendizagem. Crescer dói, mas é necessário! Por isso, busque apoio no seu grupo, na família, na comunidade, para que você receba ajuda e possa passar pelos desafios e dificuldades com a convicção de que é capaz de superá-los, tornando-se mais forte e resiliente para enfrentar as intempéries da vida e da missão.

Ainda, é importante compreender que de nada adianta possuir um dom e não o explorar para retirar o melhor da sua essência. É preciso desenvolvê-lo, tirá-lo da zona zero onde ele nasceu e levá-lo ao mais alto grau e patamar da realização, do criar, do executar, do fazer acontecer. Esse processo é sempre desafiador e esbarra nas dificuldades de ser aprendiz, e isso independe de ser uma pessoa inteligente. Mesmo os considerados mais capazes não atingem seus objetivos sem esforço, sem errar e/ou precisar perseverar.

Você já ouviu falar de Thomas Edison (1847-1931), o inventor da lâmpada elétrica, certo!?

A luta de Thomas Edison para alcançar seus objetivos é um exemplo de perseverança que pode nos inspirar. Segundo a história, foram mais de mil tentativas até chegar a um resultado de sucesso, e foi a partir dali que ele inspirou diversas pessoas a persistirem em seus objetivos, já que para ele as tentativas não haviam sido falhas, e sim descobertas, pois deveria fazer diferente para ter resultados diferentes, até conquistar o seu objetivo.

Ele tinha uma mente de sucesso porque acreditava no seu objetivo, via nele sentido, mantendo a sede de evolução ao se colocar em constante movimento para fazer algo melhor. Sabia que era preciso esforço sem limites e resignação com humildade para aprender e se desenvolver continuamente.

Assim deve ser o catequista! É preciso colocar-se disposto a querer evoluir empreendendo esforços no lugar certo, na medida certa, para contribuir com o cenário como um ministro da catequese, um comunicador dos ensinamentos do Senhor e da Igreja, vendo-se no conjunto, como uma parte do todo, da comunidade, percebendo-se como uma peça de um quebra-cabeça que se encaixa perfeitamente no seu lugar apropriado. Você se sente assim?

Para ajudar você a realizar o movimento de sair da caixinha e se encontrar como uma peça importante no quebra-cabeça da sua catequese, a seguir você completará um quadro com os seus desejos referentes à sua evolução como catequista. Escreva algo que esteja associado à sua formação de catequista e à inovação na catequese, pois assim conseguirá, ao final, identificar quais são os passos que precisará dar para continuar evoluindo, aprendendo sempre mais.

Pronto? Vamos avançar?

Reze pedindo a Deus que lhe dê força e sabedoria para bem compreender o que Ele quer de você.

	O que você quer na catequese	O que você não quer na catequese
O que você tem na catequese?	O que você quer preservar daquilo que já tem?	O que você quer eliminar daquilo que já tem?
O que você não tem na catequese?	O que você quer conseguir que ainda não tenha?	O que você quer evitar para não ter mesmo?

Agora que você já respondeu, é o momento de analisar e se preparar para a ação.

1. Escreva uma lista de tarefas que você vai tirar de todas as respostas que deu.
2. Coloque as tarefas em ordem de prioridade.
3. Faça outra lista com as mesmas tarefas, começando pela mais simples e fácil e finalizando pela mais complexa.
4. Agora, analisando o grau de dificuldade das tarefas, coloque na lista de prioridades um prazo para você cumprir cada uma delas.
5. Ao estabelecer as ações e um prazo para cada uma das tarefas, você planejou uma mudança na sua catequese e, agora, só precisa colocar a mão na massa e fazer acontecer.

A partir dessas informações, faça um planejamento bem bonito, colorido, ilustrado, para que você já comece a visualizar o seu sonho, o seu desejo maior na catequese; e cole-o em um lugar onde você possa sempre visualizar e acompanhar a sua evolução para servir ao Senhor.

E, por falar em servir ao Senhor, esse é o tema do próximo capítulo. Vamos continuar avançando? Afinal, este é o nosso objetivo: ter uma evolução contínua, não é!?

Vire a página e descubra a maravilha da sua missão.

Comece fazendo o que é necessário, depois o que é possível, e de repente você fará o impossível.
(São Francisco de Assis)

6 Servir ao Senhor

> As oportunidades normalmente se apresentam disfarçadas de trabalho árduo e é por isso que muitos não as reconhecem.
> (Ann Landers)

As crianças são a maior fonte de aprendizado que os catequistas têm. "Mas como assim?", você pode estar se perguntando. E aqui está a resposta: de que vale conhecer a Palavra de Deus e não ter para quem proclamá-la? De que vale ter o dom da palavra e não o colocar em prática? E você faz isso porque serve ao Senhor e se coloca a serviço da nossa Igreja. Afinal, você disse um "sim" e recebeu dele os seus talentos e precisa apresentar ao Senhor o que fez com o que recebeu e quais os frutos que está produzindo.

Aliás, entenda isto: antes de proclamar é preciso ouvir. Você sabia que ouvir é imprescindível ao catequista? O Senhor, antes de apresentar um ensinamento ao povo, dava uma ordem: "Ouve, ó Israel, que o Senhor vai falar". Por isso, em cada encontro é necessário dizer aos catequizandos o que irá ser abordado e dar espaço para que se manifestem. Lembre-se de que o Senhor fala também através dos catequizandos, atualizando o nosso entendimento sobre a vida e revigorando nossas forças para a missão de servi-lo. Eles estão em pleno desenvolvimento e, por isso, são fonte das novidades que acontecem em outros espaços que nós catequistas não frequentamos, embora se saiba de sua existência.

Os catequizandos são fonte, portanto, de informações atualizadas. É com eles que aprendemos a linguagem, os costumes, os trejeitos, as manias, os gostos daqueles que irão se tornar nossos amigos para podermos lhes apresentar o grande amigo, Jesus. Por isso, sair da caixinha é uma necessidade sempre atual para que o catequista se junte a essa nova turma que o próprio Cristo encaminhou para ser o seu grupo de catequizandos.

Esse processo pode parecer difícil, mas, ao se dispor a ouvir os catequizandos sem preconceitos ou juízo de valor, será algo que progressivamente se tornará simples. Aprendendo com os catequizandos, a sua evolução será incrivelmente mais rápida! E evolução é a palavra da vez, como vimos no capítulo anterior, certo!? Mas o catequista só pode aprender com eles se, antes, estiver preparado para servir ao Senhor. E isso se dá a partir das formações contínuas, porque a Igreja se renova, se atualiza, deseja e espera que os discípulos de Jesus estejam acompanhando os passos dele, dia após dia.

> Sair da caixinha para inovar na catequese não é uma proposta ou uma tarefa fácil, com certeza, até porque tudo o que é fácil perde a graça, fica sem cor e sem sabor, passa a ser normal, igual a muitos outros e, consequentemente, torna-se desinteressante.

Pessoas que querem ser melhores como ser humano e como catequista e acreditam que podem, essas são aquelas que se colocam fora da caixinha, ou seja, fogem da rotina e observam as reais necessidades de sua realidade e se lançam o desafio de fazer diferente para que a Palavra de Deus ecoe na vida de seus catequizandos. Se elas têm medo, vão com medo mesmo. Querem crescer e aprender sempre, estão em contínua evolução. Por isso, entenda o seguinte, querido catequista: o jeito que você está catequizando precisa ser sempre avaliado, por melhor que seja! Tenha a certeza de que ele pode ser melhor todos os dias. E, para isso acontecer, esteja aberto para a inovação e, principalmente, para a compreensão do que está acontecendo ao seu redor e no mundo.

Pesquisa com milhares de catequistas apontam que eles não enxergam essa verdade e acreditam piamente que estão fazendo o seu melhor para evangelizar as crianças, adolescentes e adultos, ou seja, para servir ao Senhor. No entanto, por não realizarem uma contínua avaliação, caem no erro de desconsiderar a realidade de seus interlocutores que se desinteressam pelo que lhes é oferecido e/ou não compreendem. Isso, de certo modo, afasta muitos catequizandos do processo de virem a se tornar discípulos-missionários do Senhor, deixando-os trilhar o conhecido caminho daqueles que recebem os sacramentos e não se envolvem mais com a comunidade. E com relação a você?

- Qual é o resultado que você está tendo na sua catequese?
- Os catequizandos são participativos nos encontros e depois de receberem os sacramentos permanecem participando e atuantes na comunidade?
- Os pais são comprometidos e presentes durante a catequese de seus filhos e continuam presentes na comunidade após seus filhos receberem os sacramentos?

Não sei se você leu o livro *Quem mexeu no meu queijo*, escrito por Spenser Johnson (1938-2017). Se não, vale a pena a leitura. O autor, por meio de uma metáfora, nos ajuda a refletir sobre o que queremos ter na vida, explorando a necessidade da mudança e a perceber a importância de renovar, de inovar e de não se acomodar. A reflexão do autor nos leva a pensar sobre como nos apegamos a um modo de agir e que mexer nele traz desconforto. Ao nos dispormos a fazer diferente, no início somos desafiados, mas, ao fazer algo novo, também nos renovamos como pessoas, como catequistas. Entenda que todas as vezes que tudo parecer estar bem é porque está em vias de precisar virar do avesso. A zona de conforto é morna e faz adormecer a mente e o estímulo. Além disso, promove a cegueira natural, ou seja, a pessoa não consegue enxergar além daquilo que vê, sua imaginação é tolhida, sua criatividade é banida e ela passa a não acreditar mais que é possível sonhar e fazer diferente e realizar coisas aparentemente impossíveis.

Voltando o nosso olhar para a catequese, o que seria uma catequese morna? A desmotivação, o afastamento, o desinteresse, você concorda? Lá no início do capítulo 5, mencionei que o que não está crescendo está morrendo e que, ao observar a natureza, podemos confirmar isso. Assim acontece com tudo ao nosso redor, e volta à tona a pergunta: quanto você está efetivamente trabalhando para tornar a catequese um encontro vivo no coração dos catequizandos e das suas famílias?

O verbo "servir" associado à pessoa ("servir ao Senhor"), neste capítulo e na nossa missão, diz respeito a colocar a mão na massa, com todo o empenho e vontade de fazer a coisa certa, para Ele, com Ele e por Ele. Significa fazer algo novo todos os dias. Mesmo que a função seja a mesma, os dados ou as pessoas ou o lugar são diferentes. E os catequistas precisam estar atentos aos sinais dos tempos e sentirem-se fortes, inclusive emocionalmente, para atender às demandas. Isso requer a inovação contínua. Conhecer mais, estudar mais, entender mais para viver melhor e aplicar na catequese realmente uma frutífera interação entre fé e vida, que gera vida.

Perceba o quão rápido os dias passam, as semanas passam e os anos também, e tudo precisa ser renovado para que o resultado no final seja surpreendente, ao contrário de decepcionante. Sempre ouço os catequistas perguntarem: cadê os catequizandos que não estão mais aqui na igreja?

Talvez para encontrar as respostas a essa questão se devam também fazer as seguintes perguntas:

- O que eu poderia ter feito e não fiz enquanto servia ao Senhor na minha catequese?
- O que eu poderia ter deixado de fazer e não deixei?
- O que eu gostaria de ter feito, mas não sabia como fazer e não procurei aprender ou fazer diferente?

Essas perguntas nos ajudam a avaliar as nossas práticas. Em suas respostas, encontramos algumas dicas para gerar a mudança que venha atender melhor os catequizandos e suas famílias. Com esse entendimento poderemos assumir o controle ao identificar o que é possível realizar, saindo do estado de esperar que as coisas aconteçam. E, para isso, precisamos trabalhar e trabalhar muito para conquistar algo diferenciado. Isso é desafiador, mas cada catequista com seu brilhantismo é capaz de realizar uma avaliação que ajude a melhorar o processo e fazê-lo sentir-se mais realizado na missão que assumiu.

Volte lá no final do capítulo anterior e leia a frase de São Francisco de Assis.

Leu?

Agora pense: o que é impossível para Deus? Nada. Nada é impossível para Ele. Por isso, haja tendo em vista que tudo que você faz é por Jesus Cristo, o Filho de Deus que se fez homem para estar entre homens e mostrar a face de Deus e o amor

dele por nós. Ele que chamou você para ser um catequista-
-discípulo-missionário onde você estiver e por onde você
passar. Comece a fazer diferente para ter um resultado diferente. O Senhor, que um dia o chamou pelo nome, Aquele que se encontra na Sagrada Escritura, na Eucaristia e dentro do seu coração, conta com o seu contínuo e renovado "sim" para anunciá-lo no seu dia a dia, junto às pessoas com as quais convive e/ou encontra em diferentes eventos de sua vida.

Comece por você a mudança que você quer ver na catequese, na Igreja, servindo ao Senhor no seu trabalho, na sua família, no seu grupo de amizade. Adapte-se às mudanças dos tempos e busque criar ambientes favoráveis para que as pessoas, mediante o seu testemunho, sintam-se motivadas a também servir o Senhor colocando seus dons a serviço da comunidade.

Espero que, após essa leitura, você esteja sentindo-se motivado a promover mudanças, a aprimorar o que já domina ou que tenha concluído ser alguém que está sempre atento aos fatos e acontecimentos que contribuem para fazer da sua catequese um espaço de vivências, aberto a mudanças para atender à realidade de seus catequizandos.

Com nossas reflexões, esperamos ter despertado em você, catequista, o desejo e um propósito mais claro sobre a sua missão e o seu servir a Deus do que quando iniciou a leitura deste livro.

Parabéns por ter chegado até aqui!

Deus abençoe a sua missão!

Um recadinho

A "catequese fora da caixinha" não para, e milhares de catequistas estão descobrindo como fazer a sua caminhada sob um novo olhar, com uma proposta que está alinhada com o que nos propõem as orientações oferecidas pela Igreja Católica Apostólica Romana. Queremos que você caminhe junto conosco.

Conheça também o nosso trabalho nas Redes Sociais!

▶ Catequese Fora da Caixinha
◉ @catforadacaixinha
f Catequese Fora da Caixinha
✉ contato@catequeseforadacaixinha.com.br

Referências

FRANCISCO. *Anunciar o Evangelho*: mensagens aos catequistas. Campinas: Ecclesiae, 2013.

BÍBLIA Sagrada. Petrópolis: Vozes, 2001.

CARROL, L. *Aventuras de Alice no País das Maravilhas*: Alice através do espelho e o que Alice encontrou por lá. Rio de Janeiro: Jorge Zahar, 2009.

CELAM (Conferência Geral do Episcopado Latino-americano e do Caribe). *Documento de Aparecida*. Brasília: Edições CNBB, 2011.

CNBB (Conferência Nacional dos Bispos do Brasil). *Diretório para a Catequese*. Brasília: Edições CNBB, 2020.

DWECK, C. S. *Mindset*: a nova psicologia do sucesso. Rio de Janeiro: Objetiva, 2016.

FRANCISCO (Papa). *Audiência geral. Quarta-feira, 22 de maio de 2019. Catequese sobre o "Pai-nosso"*: 16. Disponível em: https://www.vatican.va/content/francesco/pt/audiences/2019/documents/papa-francesco_20190522_udienza-generale.html Acesso em: 27 jun. 2020.

JOHNSON, S. M. D. *Quem mexeu no meu queijo?* Rio de Janeiro: Record, 1998.

PAULO VI. *Decreto Christus Dominus*: sobre o múnus pastoral dos bispos na Igreja. Disponível em: https://www.vatican.va/archive/hist_councils/ii_vatican_council/documents/vat-ii_decree_19651028_christus-dominus_po.html. Acesso em: 27 jun. 2020.Unume cerfect abefece